ACCESO GRATIS *a la Lectura en la Nube*

Para visualizar el libro electrónico en la nube de lectura envíe junto a su nombre y apellidos una fotografía del código de barras situado en la contraportada del libro y otra del ticket de compra a la dirección:

ebooktirant@tirant.com

En un máximo de 72 horas laborables le enviaremos el código de acceso con sus instrucciones.

La visualización del libro en **NUBE DE LECTURA** excluye los usos bibliotecarios y públicos que puedan poner el archivo electrónico a disposición de una comunidad de lectores. Se permite tan solo un uso individual y privado

SOFÍA VOLVERÁ

La necesidad de nuevos planteamientos jurídicos medioambientales

COMITÉ CIENTÍFICO DE LA EDITORIAL TIRANT LO BLANCH

María José Añón Roig
Catedrática de Filosofía del Derecho de la Universidad de Valencia
Ana Cañizares Laso
Catedrática de Derecho Civil de la Universidad de Málaga
Jorge A. Cerdio Herrán
Catedrático de Teoría y Filosofía de Derecho. Instituto Tecnológico Autónomo de México
José Ramón Cossío Díaz
Ministro en retiro de la Suprema Corte de Justicia de la Nación y miembro de El Colegio Nacional
María Luisa Cuerda Arnau
Catedrática de Derecho Penal de la Universidad Jaume I de Castellón
Manuel Díaz Martínez
Catedrático de Derecho Procesal de la UNED
Carmen Domínguez Hidalgo
Catedrática de Derecho Civil de la Pontificia Universidad Católica de Chile
Eduardo Ferrer Mac-Gregor Poisot
Juez de la Corte Interamericana de Derechos Humanos
Investigador del Instituto de Investigaciones Jurídicas de la UNAM
Owen Fiss
Catedrático emérito de Teoría del Derecho de la Universidad de Yale (EEUU)
José Antonio García-Cruces González
Catedrático de Derecho Mercantil de la UNED
José Luis González Cussac
Catedrático de Derecho Penal de la Universidad de Valencia
Luis López Guerra
Catedrático de Derecho Constitucional de la Universidad Carlos III de Madrid
Ángel M. López y López
Catedrático de Derecho Civil de la Universidad de Sevilla
Marta Lorente Sariñena
Catedrática de Historia del Derecho de la Universidad Autónoma de Madrid
Javier de Lucas Martín
Catedrático de Filosofía del Derecho y Filosofía Política de la Universidad de Valencia
Víctor Moreno Catena
Catedrático de Derecho Procesal de la Universidad Carlos III de Madrid
Francisco Muñoz Conde
Catedrático de Derecho Penal de la Universidad Pablo de Olavide de Sevilla
Angelika Nussberger
Catedrática de Derecho Constitucional e Internacional en la Universidad de Colonia (Alemania)
Miembro de la Comisión de Venecia
Héctor Olasolo Alonso
Catedrático de Derecho Internacional de la Universidad del Rosario (Colombia) y Presidente del Instituto Ibero-Americano de La Haya (Holanda)
Luciano Parejo Alfonso
Catedrático de Derecho Administrativo de la Universidad Carlos III de Madrid
Consuelo Ramón Chornet
Catedrática de Derecho Internacional Público y Relaciones Internacionales de la Universidad de Valencia
Tomás Sala Franco
Catedrático de Derecho del Trabajo y de la Seguridad Social de la Universidad de Valencia
Ignacio Sancho Gargallo
Magistrado de la Sala Primera (Civil) del Tribunal Supremo de España
Elisa Speckmann Guerra
Directora del Instituto de Investigaciones Históricas de la UNAM
Ruth Zimmerling
Catedrática de Ciencia Política de la Universidad de Mainz (Alemania)

Fueron miembros de este Comité:
Emilio Beltrán Sánchez, Rosario Valpuesta Fernández y Tomás S. Vives Antón

Procedimiento de selección de originales, ver página web:
www.tirant.net/index.php/editorial/procedimiento-de-seleccion-de-originales

Carlos Gil

SOFÍA VOLVERÁ

La necesidad de nuevos planteamientos jurídicos medioambientales

CINE Y DERECHO

tirant lo blanch
Valencia, 2024

Copyright ® 2024

Todos los derechos reservados. Ni la totalidad ni parte de este libro puede reproducirse o transmitirse por ningún procedimiento electrónico o mecánico, incluyendo fotocopia, grabación magnética, o cualquier almacenamiento de información y sistema de recuperación sin permiso escrito del autor y del editor.

En caso de erratas y actualizaciones, la Editorial Tirant lo Blanch publicará la pertinente corrección en la página web www.tirant.com.

Codirectores:

JAVIER DE LUCAS
Catedrático de Filosofía del Derecho

FERNANDO FLORES
Profesor Titular de Derecho Constitucional

© Carlos Gil

© TIRANT LO BLANCH

EDITA: TIRANT LO BLANCH
C/ Artes Gráficas, 14 - 46010 - Valencia
TELFS.: 96/361 00 48 - 50
FAX: 96/369 41 51
Email:tlb@tirant.com
www.tirant.com
Librería virtual: www.tirant.es
DEPÓSITO LEGAL: V-3688-2023
ISBN: 978-84-1197-558-2
MAQUETA: Tink Factoría de Color

Si tiene alguna queja o sugerencia, envíenos un mail a: *atencioncliente@tirant.com*. En caso de no ser atendida su sugerencia, por favor lea, en *www.tirant.net/index.php/empresa/politicas-de-empresa* nuestro procedimiento de quejas.

Responsabilidad Social Corporativa: http://www.tirant.net/Docs/RSCTirant.pdf

Índice

Ficha cinematográfica de Sofía Volverá

El docuficción, no tan ficción, nace de la urgencia de dar visibilidad a la crisis socioecológica que está sufriendo el Mar Menor desde las DANAS de 2019 y la voluntad de la población de proteger el ecosistema de la laguna de agua salada más grande de Europa, pues el film se elabora mientras se lleva a cabo la recogida de firmas para la Iniciativa Legislativa Popular (ILP), para el reconocimiento como sujeto jurídico del mar.

Así pues, cámara al hombro, Lisón realiza todo un recorrido por los municipios entre octubre de 2019 y 2020 (fechas de grabación, cuyo proceso duró, en total, dos años y medio) de Los Alcázares, Los Nietos, La Manga, y la oscuridad de la mina Vicenta, en La Unión, filmando las inundaciones catastróficas, los testimonios de los vecinos, la rabia de los activistas, el estruendo social en las calles, la lucha por defender la laguna murciana. Las imágenes y los silencios son esenciales en este film.

Sofía Volverá. La primera refugiada climática es una película de 2022, dirigida por Joaquín Lisón, que narra la vida de Sofía, una niña que cuenta con 12 años cuando en octubre 2019 la mortandad de peces en el Mar Menor le cambia la vida para siempre, en Los Alcázares. Visibiliza, realmente, la distopía en la que vive la laguna y los vecinos y el resto de sociedad murciana. El filme comienza, pues, con una distopía, y alberga lograr, en 2056, la utopía de un Mar Menor como sujeto de derecho y sanado, que conciencia a las personas de lo que se ha provocado. Por eso es tan importante este cine local, que mire y deje hablar al paisaje que se transforma, por medio de los poemas de Carmen Conde, que estructuran la película.

La degradación ambiental de la laguna murciana tiene como consecuencia la destrucción del tejido económico pesquero. El padre de Sofía es pescador, y ante la incertidumbre de faenar en unas aguas limpias y sanas, decide marchar a Canadá, para comenzar con Sofía una nueva vida. Sin embargo, hasta que la protagonista marche, encontramos varias secuencias en la película en la que se constata la preocupación y el enojo de los vecinos por la destrucción del Mar Menor, por consiguiente, por la destrucción de una parte de sus vidas.

La película se abre, como luego expondremos más detenidamente, con niños jugando en un páramo cercano al Mar Menor, visualizándolo. Para, posteriormente, a través de sus voces narrar en el colegio alcozareño la mortandad de peces y la DANA acaecida. En este sentido, el director se sumerge en la infancia, para transmitir la completa destrucción del municipio mencionado, y mostrar, posteriormente, con imágenes el contenido de la charla con los infantes. Todo ello se realiza en un marco improvisado, sin un guion determinado, fluyendo con la oralidad espontánea de los vecinos alcazareños, cuya interpretación amateur se complementa con algunos interpretes profesionales.

En el tiempo siguiente al colegio, el director muestra varias casas y la laguna de Los Alcázares, incluso barcos que ya no pueden faenar, la lonja cerrada y pisos a medio construir, cadáveres de ladrillo con cadáveres de peces y casas destruidas. Sofía, tras despedirse de sus amigos y maestros, de su madre fallecida, e igualmente su padre, marchan sin mirar atrás, para sobrevivir, para buscar una nueva vida ante la pérdida de su vida.

Entramos así en la fase final, cuando, después de décadas, Sofía vuelve a su pueblo, a su Mar recuperado. Con su vida en Canadá, decide volver para recordar, para sentir, para hallar. Se da cuenta que sus amigos y otras personas del municipio huyeron también, como su padre y ella, pero encuentra a su amiga íntima de la infancia, que le constata que ellos fueron los primeros en irse. Hablan. Ríen. Pasean. Se bañan en su mar, recuperado. Sofía vuelve a sonreír por volver, aunque sea de forma temporal, porque su vida, aquella que le arrebataron, desapareció, solo subsiste en su memoria.

El reparto es predominantemente murciano, Lisón (dirección, cámara y montaje) ha contado con María Araque (Sofía en la ficción), María Peñalver (Helena) y Alberto López (Hugo en la ficción), tres niños de Los Alcázares que se representan a sí mismos en la película. La interpretación profesional corre a cargo de actores murcianos: Fran Ros da vida a Miguel, el profesor de Sofía; Fernando Caride interpreta al padre de Sofía, y las actrices Esther Eu y Nuria Espín interpretan a Sofía y a Helena, aquellas niñas 36 años más tarde. Asimismo, también interviene la profesora de la Universidad de Murcia, Teresa Vicente y el activista y poeta Joaquín Araujo.

Es conveniente centrarse en lo que representan los diferentes personajes en el docuficción, y también otras entidades, porque, en su conjunto, el filme es algo que va más allá de lo que se visualiza.

Sofía niña representa la inocencia, las emociones encontradas debido al ecocidio cometido al Mar Menor. Emociones como la pérdida, que es representada en Hugo, el amor de ella que pudo ser pero realmente no fue. O su amiga Elena, confidente y testigo de la vida de Sofía vista desde el lugar de los hechos. Emociones que perdurarán incluso a su vuelta, en 2056, siendo ya Sofía adulta, su consciencia adquirida y la melancolía. Por el contrario, su padre, Diego, representa las pérdidas materiales de la comunidad por la destrucción del Mar Menor. Pierde su trabajo. Vende su barco y su casa: es el lugar que debe abandonar en 2019 y en 2056 (ocupada por veraneantes) representará el patrimonio material perdido de su familia. Deja atrás a su mujer fallecida, que representa el dolor y el duelo debido a la pérdida de la laguna.

Miguel, el profesor de Sofía y sus compañeros, posee el conocimiento de la situación y representa la lucha social, por ello le habla a Diego de la figura del refugiado climático en Canadá y charla con Teresa Vicente –representa a la justicia y al pensamiento ecocentrista– de que hay que hacer algo, luchar frente a la perplejidad y el dolor a los funestos acontecimientos que se reflejan en la vecina mayor de Los Alcázares. Se debe luchar contra todo aquello que ha destruido al Mar Menor de 2019, el ecosistema que sufre la dramática hecatombe.

Esa energía para cambiar todas las acciones dañinas y normativas perjudiciales para el Mar Menor, se logra, tras pasar por el Hotel La Encarnación, que es el lugar de paso del visitante, como Sofía cuando vuelve, testigo mudo del pasado, está ubicado frente a la laguna de 2056, que representa la salud y la paz; la poesía y la belleza. Todo en una atmósfera siempre en defensa del Mar Menor.

Se puede afirmar, que esta crónica personalísima de Joaquín Lisón pero también del resto de las personas que intervienen en el filme –como Conchi Meseguer– y extensible a cualquiera preocupado por el Mar Menor, habla de ese cuerpo explotado y saqueado, habla del afán capitalista por apropiarse de la Naturaleza para beneficiarse de ella hasta agotarla total e irremediablemente, habla de no reconocer las diferencias y reconocerlas, habla de lugares y no lugares, todo en una atmósfera de desolación pero de reivindicación, se graba *Sofía Volverá*. Además, el estreno del filme (2022) se hizo en un momento en el que se publicó un estudio del Centro de Estudios Murciano de Opinión Pública, en el que se confirmaba que el estado del Mar Menor se encontraba entre las principales preocupaciones de los murcianos.

Ficha artística: Una producción de InDirectFilm con la participación del Ayuntamiento de Los Alcázares

Duración: 85 min.

Formato: Full HD Pro Res/ DCP

Con: Esther Eu, Fernando Caride, Fran Ros y Nuria Malvado.

Colaboración especial: Teresa Vicente y Joaquín Araújo.

Poemas de Carmen Conde: "Comprobación" y "Ante ti"

Músicas: "Mediterráneo" de Pedro Guirao, "Piano en Sá Talaia" de Jesús Victoria, "Naturaleza" improvisación vocal de Esther Eu y acompañamiento de Jesús Victoria y "Claro de luna" de Claude Debussy interpretado por Jesús Victoria.

Mediación artística y educativa: María Teresa Colomina y Miguel Pallarés.

Sonido directo: José Antonio Hermosilla

Color: Chema Román

Imágenes acuáticas: Javier Murcia

Cartel: Fernando Ordóñez

Música: Jesús Victoria y Pedro Guirao

Producción: Concepción Meseguer

Guion, dirección, cámara y montaje: Joaquín Lisón

2 Ando sobre tus lienzos crujientes de algas

En este trabajo se habla del Mar Menor por la importancia mundial que ha adquirido esta laguna salada por ser reconocida como sujeto de derecho en la Ley 19/2022, de 30 de septiembre, para el reconocimiento de personalidad jurídica a la laguna del Mar Menor y su cuenca.

La elección de esta película y, consiguiente, la realización de un ensayo sobre ella de conformidad con el Derecho Internacional se realiza en el contexto de visualizar, estudiar y reflexionar sobre lo ocurrido al Mar Menor y sus vecinos y municipios colindantes, a fin de exponer un pensamiento crítico de carácter jurídico. Pues, además, como observará el lector, la ley es tan reciente que ni siquiera se ha desarrollado su reglamento. Asimismo, hay otros ecosistemas españoles en peligro, como son el Delta del Ebro o Doñana. Quizá debemos pensar su protección con base en la realizada en la laguna murciana, que no es un hecho aislado.

Las páginas que siguen son el fruto de una reflexión libre sobre la importancia del Derecho como medio para hacer frente a la degradación ambiental y el cambio climático, así como también mi forma de contribuir, por otras vías, a la educación ambiental a través del cine, centrada la película *Sofía Volverá* en el Mar Menor, por ello se me ocurrió sistematizar el ensayo con los versos que Carmen Conde dedicó, en varios poemas, a la laguna murciana, tal y como se pone de relieve en el filme mencionado.

Comienzo este ensayo en época de impartición de docencia en el primer cuatrimestre universitario y antes de ser aprobada la mencionada ley. Que es, sin duda, un hito histórico en Europa. Además, después de todo el verano de 2022 organizando y participando en los cines fórum de Sofía Volverá para explicar la importancia del Derecho, de otro Derecho, para proteger a los ecosistemas, correspondía dejar en papel mis reflexiones orales.

Efectivamente, de forma modesta he participado en el apoyo y en la divulgación (artículos de opinión en periódicos, participación en la radio, organización de cine-fórum en Murcia y en Madrid para hablar de los derechos de la Naturaleza y el filme Sofía Volverá) de la necesidad de reconocer como sujeto de derecho al Mar Menor. Además, soy colaborador en la Cátedra de Derechos Humanos y Derechos de la Naturaleza de la Universidad de Murcia, cuya directora es la profesora Teresa Vicente Giménez: el alma activista y jurídica de la ley mencionada y de la ILP, que la hizo posible. No obstante, quería hacer algo más para visibilizar, de un lado, la problemática del Mar Menor. Durante las últimas décadas, esta zona ha experimentado un grave problema medioambiental debido a la acumulación de nutrientes en sus aguas, lo que ha provocado la proliferación de microalgas y la muerte de gran parte de su fauna y flora, con una normativa nada eficaz al respeto. De otro, poner de relieve la importancia de la ley antedicha, y su gran logro social, amén de reafirmar la enseñanza del derecho puede beneficiarse de nuevas metodologías que refuerzan la comprensión de las asignaturas. Es el caso del cine: un medio audiovisual que sirve como herramienta adecuada y útil para profundizar en aspectos complejos de forma sencilla, e influir en la opinión pública sobre ciertos temas sociales y legales y la forma de abordarlos.

La colección de cine y derecho de Tirant lo Blanch es un ejemplo a seguir en este sentido de enseñanza y divulgación para los estudiantes y profesionales del derecho que deseen ampliar sus conocimientos sobre cómo el cine y el derecho se relacionan y afectan mutuamente.

Los fundamentos de nuestro contrato social están hoy amenazados por la degradación de la democracia liberal y el resurgimiento de movimientos reaccionarios, pero no solo por esto, sino también por el sistema económico e incluso jurídico. Lo vimos con las administraciones Trump y Bolsonaro. Lo vimos con el decreto de Macron respecto de las pensiones en Francia. Lo vimos con las hipotecas basura... Por lo tanto, en los próximos años será necesario establecer un enfoque duradero de conciliación. Para ello, debemos articular las sinergias, las compensaciones necesarias y las posibles soluciones que se encontrarán. Pero no solo los conflictos, la sociedad va siendo consciente de forma paulatina de la dependencia de la biosfera, lo que significa que nuestra salud está emparentada a la suya. Por todo ello, cabe afirmar que enfrentarse a todo lo anterior, para cambiarlo, es un imperativo categórico que requiere un enfoque que tenga en cuenta la desigualdad social y económica, y que trabaje para reducir estas desigualdades. Esto puede incluir políticas que aseguren una distribución equitativa de los costos y beneficios ambientales, y que fomenten una transición justa hacia una economía más sostenible: el Pacto Verde Europeo de la Unión Europea apunta en esta dirección, y a otra forma jurídica de relacionarnos con la Naturaleza.

En este trabajo, a través de la película Sofía Volverá, se trata de alertar sobre la necesidad de pensar una nueva relación entre el Derecho Internacional y la Naturaleza porque, como bien indica la escritora Begoña Méndez:

> *"Para amar los territorios, para cuidarlos, hay que pensar los ambientes como órganos de un cuerpo en constante relación, nuestra carne en contacto con la carne del mundo, un solo organismo confuso, sin rostro y sin apellidos, que afecta y es afectado".* (BEGOÑA MÉNDEZ, 2023, p. 26).

Y el derecho forma parte de ese pensar y de ese contacto. Para lograr que la Tierra siga siendo habitable y, por ende, en mejores condiciones que las presentes. El docuficción de Sofía Volverá nos incita a plantearnos las siguientes cuestiones: ¿Podemos frenar la degradación del planeta? ¿Hay soluciones para reconstruir el futuro de la Tierra? Para analizar y responder estas cuestiones nos acercaremos a nociones geológicas, filosóficas, históricas, y ver qué papel puede jugar el derecho en esa respuesta a un problema tan acuciante.

Los juristas debemos defender y argumentar las causas nobles como la presente, desde el activismo y desde la actividad intelectual. Sin apremios, con sosiego, sin urgencias, y aportando razones al debate público.

3 Introducción

Porque siendo tú el mismo, eres distinto

El Mar Menor es una de las lagunas más grandes de Europa, tiene una media de 7 metros de profundidad, y es rica en flora y fauna marina. Está separado del mar Mediterráneo por una lengua de tierra llamada La Manga, que mide unos 22 km de longitud. Se comunica con el mar Mediterráneo a través de tres canales o golas: uno totalmente artificial en el sur de La Manga, Marchamalo, el canal del Estacio en el centro y el paraje de las Encañizadas en el norte, única comunicación natural.

La zona de influencia del Mar Menor abarca los municipios costeros de Cartagena, Los Alcázares, San Javier y San Pedro del Pinatar, así como los de Torre Pacheco, Fuente Álamo, La Unión y Murcia, en la cuenca vertiente y sin límite directo con la laguna, ocupando un 11% del territorio y un 56% del espacio litoral de la Comunidad Autónoma de la Región de Murcia

Durante años se ha producido un abandono del cuidado del Mar Menor y sus cuencas; aunque más bien se han acordado de él para su explotación y destrucción. El deterioro ambiental sufrido se debe a diversos factores, derivados del impacto de la actividad humana y la falta de políticas de conservación adecuadas. De hecho, algunas las principales causas del menoscabo han sido el crecimiento urbanístico, la agricultura intensiva, el uso de fertilizantes, y turístico descontrolado que han tenido lugar en la zona en las últimas décadas, ya que el ladrillo ha triunfado sobre la protección de la Naturaleza. Otra causa importante ha sido la contaminación, tanto de origen urbano como industrial. La falta de saneamiento apropiado y la polución del agua y del aire han afectado gravemente la calidad del agua de la laguna y han contribuido a la muerte de muchas especies de flora y fauna marina. Han contribuido a la creación de aguas verde-anoxia.

En consecuencia, el Mar Menor ha sufrido la eutrofización, que se produce cuando hay un exceso de nutrientes en el agua, provocando un crecimiento excesivo de algas y una disminución de la oxigenación del agua, lo que a su vez puede afectar a la vida marina y a la calidad del agua para el baño. Otro problema es la contaminación por plásticos y otros residuos, que pueden afectar a la salud de los seres marinos y a la belleza de la zona. Además, la laguna costera ha padecido cambios en su nivel de agua y en la cantidad de arena en sus playas debido a la política del ladrillo.

Todo ello se ha ido produciendo ante los ojos atónitos o incrédulos o miopes de la gente, que ha contemplado la degradación del Mar mientras se bañaba en su superficie, porque en el fondo buceaban unos sistemas económicos y jurídico dañinos para la Naturaleza y para el Ser Humano, pues a la larga se expulsa a las gentes a los arrabales, o las empobrece hasta invisibilizarlas, y a la Naturaleza se la daña o destruye, como se visualiza en el filme que aquí se analiza, por medio de la mortandad de peces en la laguna murciana y por convertirse ese lugar común, el Mar Menor, en un paisaje que destroza el alma y la fe para los vecinos. De hecho, como muestra la cámara al inicio de la película, el agua del Mar Menor parece tranquila y azul a primera vista, pero a medida que se acerca a la orilla, se puede ver la superficie llena de peces muertos flotando en el agua. El olor es intenso y desagradable, y se puede sentir a varios metros de distancia, mostrándose un cuerpo herido.

El destrozo de la laguna salada murciana obliga a reconstruirla, también a la cultura de pesca, económica y social que tanto había costado edificar a su alrededor, en los pueblos ribereños.

Para abordar los problemas citados, se han llevado a cabo diversas medidas, como la limpieza de la zona y la reducción de la cantidad de nutrientes que se aportan al agua. También se han establecido regulaciones y políticas de conservación y gestión sostenible para proteger el Mar Menor y garantizar que se mantenga en buen estado; pero han sido solo parches centrados en la constatación de los valores ecológicos de la laguna costera, pero no para una eficaz conservación.

Ante el colapso del Mar Menor, los vecinos ribereños se agruparon a fin de movilizarse en defensa de la laguna salada. Emprendieron manifestaciones y otros eventos públicos; firmaron peticiones y cartas dirigidas a las autoridades locales, autonómicas y nacionales solicitando medidas de protección y conservación más adecuadas y efectivas; elaboraron campañas de sensibilización y promoción de prácticas sostenibles en el hogar y en el trabajo; y compartieron información y concienciaron a toda la Región de Murcia sobre la importancia de proteger el Mar Menor y sus cuencas. Como veremos en las siguientes páginas, este movimiento ecológico hizo –y hace– un esfuerzo importante para proteger y restaurar este ecosistema valioso. Sin la participación ciudadana y las campañas de concienciación a buen seguro que quizá no hubiera sido adoptada rápidamente la ley citada.

Sin la orden de construir, ajena e indiferente, todo estaría, todo, como el primer día de la creación

De forma lejana, *Sofía Volverá* muestra las edificaciones masivas de edificios y las grandes extensiones de terreno que han sido excavadas para construir más, en detrimento del Mar Menor. Se observa un paisaje que se ha transformado drásticamente en las últimas décadas. Donde antes había campos y tierras de cultivo, ahora hay innumerables edificios y urbanizaciones. Esta es la semilla del mal, conocida como Antropoceno; pero intentaremos mostrar la utopía real, el Ecoceno.

Se han filmado en las últimas décadas varias películas postapocalípticas en las que se pone de relieve el cambio climático y la entrada del planeta en cuidados paliativos (*El día de Mañana*, de Roland Emmerich, 2004), la contaminación atmosférica (*La Isla*, de Michael Bay, 2005), la propagación de nuevos virus (*Soy Leyenda*, de Francis Lawrence, 2007; e *Infectados*, de Álex y David Pastor, 2009) ... En todas ellas se narra un final catastrófico de la especie humana, salvándose un grupo de personas privilegiadas, pero no el resto de la Humanidad. Eso no quiere decir que no muestren un conato de realidad, aunque hiperbolizada, como se observa con el incremento de la contaminación atmosférica en las grandes ciudades (Madrid y Barcelona), incremento del nivel del mar en 17 cm los últimos 130 años (Mar Mediterráneo) o la propagación de nuevos virus (la Covid-19). En cambio, el docuficción Sofía Volverá (2022) muestra, en general, la transición ecológica que se demanda en la sociedad sin pronosticar ni vaticinar visiones extremadamente negativas ni distópicas ni catastrofistas, porque eso supone un elemento desempoderador para la sociedad civil.

En el comienzo del filme, dos adolescentes alzan sus espadas ficticias frente al Mar Menor, para luchar entre ellos, en una óptica más cercana a *Harakiri* (1962), de Masaki Kobayashi, que al western de John Ford. Acechados por el Mar Menor, libran la batalla en un paisaje natural yermo, árido y escaso en vegetación, donde se visualizan dunas de arena y plantas adaptadas para sobrevivir en condiciones extremas de sequedad y calor. Se trata de un paisaje murciano que bien pudo haber pintado John Constable, como hizo con la Bahía de Weymouth (1816), o podría tratarse de un libro de Miguel Delibes, en cuyas obras –*El camino* (1950) o *La tierra herida* (2005) – se aboga por la protección y conservación de la

Naturaleza desde una perspectiva realista, llamando la atención de los impactos negativos de la acción humana. Posteriormente al combate, los amigos deciden pasear en armonía por los caminos de tierra. Avistan un pozo subterráneo –quizá sea uno más de los 114 pozos ilegales que hay en el entorno del Mar Menor–, al que lanzan piedras creyendo que su finitud es infinita en posible metáfora del pensamiento humano respecto de los recursos naturales, que son explotados sistemáticamente con la fuerza de la técnica.

El movimiento ecologista tomó un impulso más fuerte en los años setenta con el objetivo de construir una alternativa al bisoño neoliberalismo. Merced a él se impulsó la toma de conciencia ambiental a nivel mundial, aunque no se concienció lo suficiente, visto lo visto. De hecho, en 1972 se publica el informe *Los límites del crecimiento* de Meadows, se celebra la primera Conferencia de Naciones Unidas sobre el Medioambiente, y posteriormente se publica el conocido informe Brundland, *Our Common Future* (1979), dando lugar a una nueva orientación de las estrategias económicas tuteladas por una dimensión ambiental.

Paralelamente, Lovelock desarrolla la *teoría Gaia* (1983). La Tierra es un sistema autorregulado en el que los organismos vivos y el medioambiente interactúan de maneral tal que mantienen las condiciones en las que es posible la vida. También Margullis (2002) contribuyó a esta hipótesis con su teoría de la evolución basada en la colaboración y la cooperación entre organismos, en lugar de la competencia (darwinismo). En este sentido de convergencia entre lo humano y lo no humano se expresa la película, donde el Mar Menor conversa en las profundidades de la Tierra con los jóvenes protagonistas.

Estos cambios sociales y científicos ayudaron a impulsar y reelaborar la noción *Antropoceno* (del griego ἄνθρωπος, Anthropos: humano; y καινός, kainos: nuevo), difundida por Crutzen y Stoermer (2000), y utilizada ya por geólogo soviético Shantser (1973) en su artículo *El sistema antropogénico*, donde se constata que Alexei Petrovich Pavlov es el introductor del término en los años veinte del siglo anterior. Si bien es cierto que hay un consenso en la comunidad científica en usar esta noción para describir un nuevo tiempo geológico, marcado por la contaminación y otros signos de actividad humana sobre la Naturaleza, los debates no han dejado de sucederse y no hay una adopción oficial por parte de la Comisión Internacional de Estratigrafía de la Unión Internacional de Ciencias Geológicas.

Una parte de la comunidad científica cree que el Holoceno ha terminado y ha dado el nombre de Antropoceno a su reemplazo, un movimiento que reconoce a los humanos como influenciadores planetarios por primera vez. Es decir, se entra en una fase completamente nueva de la historia planetaria, en la que los seres humanos se convierten en fuerza motriz. Y sin una gran catástrofe, como el impacto de un asteroide o una guerra nuclear, la humanidad seguirá siendo una fuerza geológica importante durante muchos milenios. Los inicios de esta época geológica no están claros, por ello se proponen tres fechas: entre 10.500 y 12.000 años, la segunda mitad del siglo XVIII con la Revolución Industrial o a partir de 1950 con la Gran Aceleración y los comienzos de los ensayos con armas nucleares. Asimismo, no se ha decidido exactamente dónde debe conmemorarse esta transformación. Una lista de nueve sitios, incluidos arrecifes de coral en Australia, capas de limo de Canadá y núcleos de hielo de la Antártida, fue creada el año pasado por el

Grupo de Trabajo del Antropoceno como los mejores candidatos para proporcionar marcadores, en sus sedimentos, que mejor demuestren los cambios que llevaron a la nueva época.

La comprensión de aspectos fundamentales de la Tierra es algo que, desde luego, se debe de apreciar. Pero ese conocimiento también demuestra los límites de la Naturaleza e incluso las fronteras actuales del conocimiento. El Antropoceno se caracteriza, pues, por la transformación global de la Tierra causada por la incesante y nociva actividad humana, cuya interacción con el medioambiente ha existido siempre, pero la intensidad que ha alcanzado de un tiempo aquí escasea de antecedentes. El litoral del mediterráneo es un prototipo en este sentido, pues es "la zona del mundo más transformada en otra cosa que nada tiene que ver con sus orígenes, sus vocaciones y sus propias prestaciones" y en concreto "el Mar Menor estaba cercado por el uso de la irracionalidad del suelo", reflexiona Joaquín Araujo como voz en off en el filme.

Hemos pasado de un tiempo de equilibrio en el Holoceno a una vida inestable en el Antropoceno, que provoca daños al ser humano: así lo representan las riadas en el municipio de Sofía Volverá, Los Alcázares, que han causado destrozos materiales (casas, coches, calzadas) y emocionales (pérdida de trabajo, de animales y fotos familiares), parlamenta el alumnado con el profesor al principio del filme en la clase. Una hipérbole de la riada la hallamos en *El día de Mañana* (2004), de Roland Emmerich, aunque quizá no es tal hipérbole si tenemos en cuenta que aproximadamente entre 3300 y 3600 millones de personas viven en contextos que las hacen altamente vulnerables a los impactos del cambio climático, siendo alguno de ellos grandes riadas, e incluso virus como la covid-19. El riesgo de que las enfermedades se propaguen de los animales a los seres humanos es, de hecho, mayor cuando los animales en cuestión están en peligro y en declive debido al tráfico y la destrucción del hábitat. La crisis climática y el crecimiento de la población humana son amplificadores de enfermedades, según la Organización Mundial de la Salud.

El tiempo ya no es aliado para eliminar el cambio climático, de un lado; y de otro, lo natural y lo artificial se han imbricado de manera invariable o irreversible. Por lo tanto, "vivimos una era dramática, donde los ecosistemas están enfermos" (señala la profesora Teresa Vicente, encima del escenario del teatro en el colegio, al más estilo teatral griego por reclamar justicia, moralidad, amor, ante la degradación ambiental), pues la acción humana abrió las venas de la Naturaleza, parafraseando la elegante expresión de Eduardo Galeano. La *técnica* contribuye a la citada acción, pues deshumaniza en cierta medida a la sociedad en términos orteguianos –en estos términos también se pronuncia el Papa Francisco en la encíclica *Laudato si*–; e incluso puede poner en peligro a las personas y el medioambiente como ocurrió con la catástrofe de Chernóbil, que causó una liberación masiva de radiación en el área circundante y, consiguientemente, provocó enfermedades graves. Catástrofe que ha sido filmada por la pequeña y grande pantalla, siendo destacable el documental Chernobyl: *The Final Warning* (1991), de Anthony Page y la miniserie *Chernobyl* (2019), de Johan Renck.

El *Homo Faber* utiliza combustibles fósiles (carbón, petróleo y gas) en grandes cantidades para producir energía y alimentar la industrialización. Lo que ha provocado consecuentemente un aumento en las emisiones de gases de efecto invernadero, principalmente dióxido de carbono (CO2), y a un cambio del clima global, en tanto en cuanto, además, la noción Antropoceno enuncia esa idea de una *polis* global que es análoga a la noción megápolis de Jean Gottmann, en la que vivimos "una catástrofe climática", en términos del secretario general de las Naciones Unidas; además, bajo el disfraz de esta noción científica se esconde un mensaje de urgencia político-moral sin precedentes.

La conceptualización del término Antropoceno es significativa porque da nombre y toma conciencia real de lo que hace tiempo está sucediendo, el final de la Naturaleza. Pues muestra de forma clara el desprecio que la realidad dominante da al medioambiente con su explotación metódica. Bill McKibben ya vislumbró hace décadas en sus trabajos académicos, en los que puso de manifiesto el impacto humano sobre el medioambiente y argumentó que el cambio climático y otros problemas ambientales pondrían fin a la Naturaleza tal como la conocemos, ya que no es algo que está fuera de nosotros, sino que somos parte de ella y nuestras acciones tienen un impacto en ella, como ha inmortalizado la pintura del romántico alemán Caspar David Friedrich, con sus cuadros de Naturaleza salvaje y solitaria (*La gran reserva*, 1831) y la imbricación de la Naturaleza y el ser humano (*Acantilados blancos en Rügen*, 1818). En términos similares se enunciaron los sociólogos con la noción *sociedad del riesgo,* a la cabeza Beck, que sostiene que tal sociedad es producto de una industrialización y una urbanización cada vez más intensas, y que esta ha generado una serie de riesgos ambientales globales, como la contaminación y la degradación de la Naturaleza. Estos riegos son el resultado de una sociedad que ha perdido el contacto con el medioambiente. En parecidos términos piensa el filósofo Peter Sloterdij, que escribe una genealogía de la Humanidad que se divide en tres círculos: la esfera, que simboliza la relación del ser humano con el mundo natural; el círculo, que representa la relación del ser humano con el mundo de las instituciones y las normas sociales; y el globo, que encarna la relación del ser humano con el mundo globalizado.

De conformidad con lo anterior, cabe formularse la siguiente cuestión ¿de dónde procede este pensamiento de relación separada entre la Naturaleza y el Ser Humano? Posiblemente de la tradición jurídica, política, filosófica y religiosa de Occidente, pues Hesíodo, Virgilio, Plinio, Lucrecia o Sócrates otorgaron un dominio al ser humano sobre la Naturaleza en consonancia con la religión judeocristiana y también el Derecho Romano con *res nullius* o *res communes* y *res privata*. Posiblemente, todo este pensamiento influyó en Descartes para establecer un dualismo en el *Discurso del método*.

El filósofo francés sostuvo que la Naturaleza es una especie de máquina y que el ser humano tiene el poder de comprenderla y controlarla a través del uso de la razón y la ciencia, promoviendo así una visión antropocéntrica del mundo y una idea de que el ser humano está por encima de la Madre Tierra e incluso que la especie humana se separa de la matriz originaria. La consecuencia de este pensamiento eurocéntrico ha afectado profundamente a nuestra relación con el medioambiente y cómo este ha sido ignorado en las narrativas históricas y políticas dominantes, por exaltar el progreso humano sobre la base del crecimiento económico y fomentar el uso desmesurado y depredador de la propiedad privada, bienes y servicios alejados de un medioambiente biofísico. La expansión de una historia ambiental permitiría la toma de conocimiento de los límites naturales. Por el contrario, Bruno Latour sostiene que la idea de una Naturaleza separada de la sociedad es una ficción: ambas son parte de un mismo sistema complejo; es decir, el dualismo cartesiano es un constructo social que ha llevado a la idea de que la Humanidad tiene intervención absoluta sobre el medioambiente, creyéndose el Dios del Antiguo Testamento.

Desde una perspectiva no occidental y que será tenida en cuenta en el trabajo, cabe decir que las poblaciones indígenas a menudo tienen una relación estrecha y en muchos casos sagrada con la Pachamama. Porque ven a ella una fuente de vida y una entidad sacrosanta, y sus creencias y prácticas están estrechamente vinculadas con los ecosistemas y los recursos naturales en los que viven. Hay, pues, un vínculo ineludible entre la realidad física, química y biológica del Planeta y la realidad humana. En cualquier caso, se hace evidente que el Planeta en el que vivimos está íntimamente vinculado con la sociedad que hemos construido, en el sentido que el sistema social está en constante interacción con otros sistemas, en este caso el medioambiente.

Lo anterior pone de relieve la influencia de las culturas en la transmisión de saberes y valores, moldeando de este modo la percepción y la interpretación de las realidades, e influyendo en las decisiones y acciones de las personas. En otras palabras, se podría afirmar –de acuerdo con el historiador Dipesh Chakrabarty–que la separación clara entre el ser humano y la Naturaleza es un producto de la modernidad europea y no representa una verdad universal pero sí la verdad dominante. Luego, el papel crucial de las culturas en la creación de la actual crisis ecológica y social y, por ende, también en su solución.

No todas las culturas han hecho tal separación y de conformidad con el principio de responsabilidad sería más conveniente la propuesta de *Capitaloceno,* en vez de Antropoceno, elaborada por Jason Moore (2015), con el objetivo de despolitizar la noción *anthropos* y plantear la disyuntiva dicotómica con el capital.

El capitalismo ha colisionado con los límites de la Tierra. Los recursos naturales juegan un papel importante en este sistema económico, ya que son utilizados para producir bienes y servicios para su venta y consumo. Sin embargo, el uso de tales recursos a menudo se ve afectado por la presión de maximizar los beneficios, que es la regla imperante en el capitalismo, lo que puede llevar a la explotación excesiva y la degradación ambiental, como así ha ocurrido en el Mar Menor por gobernarlo sobre la base de un turismo masivo y una agricultura agresiva (más de 10.000 hectáreas ilegales en el campo de Cartagena). En este sentido se pronuncian las manifestaciones sociales de la película Sofía Volverá. Las consecuencias son, además, sociales y laborales, porque los pequeños pescadores se quedan sin trabajo, ya que los peces están muertos y los pocos que hay no se compran por la mala imagen del Mar Menor, "y ello provoca miedo" advierte una activista.

Hay voces críticas y estudios varios que ratifican y agravan la caza que el capitalismo neoliberal hace al medioambiente, ya que no es sostenible a largo plazo el crecimiento económico ilimitado debido a la degradación ambiental y la escasez de recursos naturales. No es posible un crecimiento ilimitado en una biosfera finita. En este sentido argumenta la teoría del decrecimiento. Sostiene la necesaria disminución reglamentada y vigilada de la producción con el fin de instituir una nueva correlación de equilibrio entre la especie humana y la Naturaleza. No es posible disminuir el cambio climático sin reducir la producción económica. Mia Amor Mottley, presidenta de Barbados, ha propuesto un nuevo sistema financiero mundial (Bridgetwon Agenda) durante la COP27, haciendo alusión particular al Fondo Monetario Internacional y al Banco Mundial, con el objeto de reflejar las realidades económicas actuales de los países más afectados por la emergencia climática. Pero esto solo dará frutos si los países desarrollados toman en serio los cambios propuestos y unen fuerzas con el Sur Global para promover reformas decisivas y profundas. Desde una perspectiva de los ciudadanos, los economistas Lucas Chancel y Thomas Piketty, entre otros, han propuesto la creación de una tasa climática internacional sobre las mayoras fortunas del planeta. El gravamen oscilaría entre el 1,5% y el 3% de su fortuna. La estimación elaborada da como resultado una recaudación anual de 295.000 millones de dólares. Esta estaría destinada a aquellas personas pobres que están afectadas por el cambio climático.

Las propuestas mencionadas en el párrafo anterior se basan en el principio de quién más contamina paga, cuya idea principal es que los mayores contaminantes deben ser responsables por los costos ambientales de sus acciones. De esta manera, se busca incentivar la adopción de prácticas más sostenibles, reducir la contaminación y, en lo posible, ayudar a los países y sus gentes más pobres y dañadas por los efectos del cambio climático. Son propuestas apoyadas por el Programas de las Naciones Unidas para el Desarrollo. Más aun, el propio secretario general de las Naciones Unidas ha planteado un gravamen a las empresas energéticas, centrado en sus beneficios extraordinarios. ¿Se llevará a cabo el establecimiento de los fondos o más bien son propuestas teóricas que quedan escritas, pero no ejecutadas?

¿Por qué deben los países del Norte ayudar a los del Sur global? Por la propia dinámica del sistema neoliberal. Este tiende a concentrar la riqueza en un pequeño número de personas o países, lo que a su vez permite a estas personas o países tener un mayor poder político y control sobre los recursos naturales. Y esto no es una irrealidad, sino lo que se constata en las críticas, de un lado, del movimiento social en defensa del Mar Menor, ya que ni el Estado ni mucho menos el gobierno murciano ha puesto remedio a los vertidos agrarios del Campo de Cartagena que contaminan la laguna salada, ni a las hectáreas ilegales ni a las 67 desaladoras ilegales; de otro, algunos países del Sur global, como es el caso de Pakistán, perdió más de 1.500 vidas y cerca de 29.000 millones de euros en las desbordamientos que ahogaron un tercio de su territorio, en 2022, y cuyo origen está directamente unido al cambio climático. Cuando tan solo representa 1% de las emisiones globales de CO^2.

Así pues, lo ocurrido en la laguna salada y la explotación de los países ricos a los países más pobres por medio de la utilización laboral y extracción de recursos naturales son el ejemplo paradigmático de lo que Marx llamó "capital", es decir, la apropiación privada de los medios de producción y los recursos económicos, que son controlados por un grupúsculo de personas propietarias, en lugar de ser propiedad colectiva o estar bajo un mayor control democrático. Lo que supone instrumentalizar el Mar Menor o convertirlo en una mercancía, vendiendo sus frutos por su valor de cambio y ampliando así la riqueza de los propietarios, mismamente, con las tierras y personas de los países del Sur global. En consecuencia, de un lado, las políticas ambientales y de protección de recursos se ven afectadas por intereses económicos y no tanto por el cuidado y protección del medioambiente. De otro, la globalización ha resultado en una concentración cada vez mayor de la riqueza en manos de un pequeño número de personas y países, mientras que la mayoría de la población mundial enfrenta una creciente precariedad económica, en particular las gentes sureñas.

El Capitaloceno, datado por algunos a partir del siglo XVII en adelante por la expansión de los imperios coloniales y otros del siglo XVIII en lo sucesivo por la Revolución Industrial pone el acento, en cualquier caso, en Europa. Los estudios postcoloniales señalan que el capitalismo ha sido una fuerza histórica en la colonización y el saqueo de los recursos naturales a los países del Sur global, y que esto ha llevado a la degradación ambiental y a la pérdida de la biodiversidad en estas regiones, amén de provocar desigualdades económicas y sociales y pobreza por doquier. Muchas empresas transnacionales o multinacionales han llevado a cabo actividades contaminantes en tales países, donde la legislación ambiental es más laxa que las del Norte global. *Black Gold* (2011), de Jeta Amata, y *El jardinero fiel* (2005), de Fernando Meirelles son filmes que abordan el impacto negativo del comercio del café en Etiopía en los recursos naturales y el grave daño que causan las empresas farmacéuticas en el Sur global tanto en la infancia como en el medioambiente.

Nos hallamos con el Homo Faber al *Homo consumens*, que promueve la consumición masiva y sistemática, lo que lleva a la explotación de los recursos naturales, la desigualdad económica y la exclusión social. Así pues, el consumo desenfrenado se anuncia como proceso comunicativo que afecta a toda materia orgánica muerta y viva, no solo del mundo de lo humano, sino del mundo de la vida. Así, se debe abogar por un sistema económico que tenga en cuenta los intereses de la Naturaleza y de la Humanidad, en lugar de centrarse únicamente en la maximización de la ganancia. La economía verde, la ecología social, el socialismo ecológico o la economía circular son alternativas al sistema capitalista que se han propuesto en materia de medioambiente, y cuya realidad es posible como se plasma magistralmente en el cortometraje francés *Mañana* (2016), de Cyril Dion y Mélanie Laurent. Aborda los problemas ambientales, sociales y económicos que enfrenta el mundo, y presenta soluciones concretas y realistas para un futuro sostenible desde una comunidad agrícola en India hasta un proyecto de energía renovable en Denia, mostrando alternativas concretas y efectivas al sistema capitalista y su enfoque en la maximización de ganancias.

Pero no solo es el impacto del capitalismo respecto de los recursos naturales, sino también su domino sobre la Naturaleza, esto es, el del ser humano sobre aquella, está vinculado con la crisis económica del año 2020 en adelante como consecuencia de la covid-19. De hecho, se puede afirmar que es la primera crisis económica del Antropoceno. Porque, en su génesis, no es como la de 2008, que fue provocada por un colapso de la banca de los países del Norte global. Y tampoco la crisis de los años treinta del siglo XX. La emergencia económica de la covid-19 es el resultado de un esfuerzo global masivo para contener una enfermedad desconocida y letal. Es a la vez una demostración sorprendente del poder colectivo para detener la economía y un recordatorio impactante de que el control humano de la Naturaleza, sobre la que descansa la vida moderna, es muy frágil. Si la Gran Aceleración impulsó enérgicamente el Antropoceno, por el impulso a la economía capitalista, la covid-19 desacelera tal envite. Asimismo, si bien la línea de tiempo de la emergencia climática tiende a medirse en años, la covid-19 y sus efectos económicos dieron la vuelta al mundo en cuestión de semanas. Y el shock es profundo. Al poner en tela de juicio el dominio humano sobre la vida y la muerte, la enfermedad sacude la psique del orden social y económico.

Centrémonos *grosso modo* en el humanismo, porque permite considerar los dilemas contemporáneos que rodean la noción *Antropoceno*, ya que la separación nítida que hallamos entre Naturaleza y ser humano proviene, en parte, del humanismo de la Modernidad. Desde un punto de vista figurativo-antropológico, el humanismo visualiza la figura geológica del humano vinculado a la Tierra no como un Homo sapiens biológico, sino más bien se refiere a la Humanidad tomada como un colectivo planetario, por consiguiente, su acción influye en la Naturaleza. Por ello, se puede formular la pregunta siguiente: ¿Puede haber una antropología planetaria de la Tierra como hogar de lo humano y no humano? Si fundamentas sobre la base del "derecho a tener un lugar en el mundo", formulado por Arendt, en el sentido de que la Tierra no es de nadie, la respuesta es afirmativa. Y, además, está en consonancia con la disertación del adivino o el propio Mar Menor al inicio del filme. En esta línea, la noción geológica Antropoceno podría interpretarse desde la antropología. Aquel se convertiría en un proyecto defectuoso que desprecia la Tierra, e incluso también significaría una exclusión de las perspectivas de las epistemologías del Sur, de las culturas marginadas, por tratarse de una narrativa eurocéntrica y colonialista, argumenta la geóloga Kathryn Yusoff. Además, sostiene la académica que el lenguaje antropocéntrico tiende a presentar a la Humanidad como un agente externo al medioambiente, en lugar de reconocer que los seres humanos y la Naturaleza están intrínsecamente vinculados y en interacción constante. Por lo tanto, se perpetúa la idea de que la tecnología y la ciencia pueden resolver los problemas ambientales, en lugar de cuestionar las estructuras políticas y económicas que contribuyen a la degradación ambiental. Es una crítica interesante, desde luego, porque detrás de las nociones siempre hay realidades ligadas a una determinada perspectiva e ideología.

Desde una perspectiva política, la noción de Antropoceno pone al descubierto la vulnerabilidad y culpabilidad que existen entre los seres humanos y otras especies, así como también entre los humanos del presente y las generaciones futuras. En este caso, la responsabilidad cae en la generación del Antropoceno, que siempre será la presente, aunque también la pasada, y llegado su momento, la futura. Desde una perspectiva jurídica, y como se verá en el próximo capítulo, uno de los desafíos más ambiciosos e importantes para la supervivencia de la humanidad y del planeta en su conjunto es la protección internacional del medioambiente, la acción universal para proporcionar normas completas y adecuadas que aborden las prioridades que tienen una apariencia muy diferente. Los pocos avances se han producidos a ritmos determinados por el sistema económico actual, no tanto por la acción ambiental.

Creamos el Antropoceno, y este está mordiendo y reconfigurando las relaciones entre los seres humanos, la Naturaleza y las tecnologías. Además, en esta nueva época geológica se constata que el *modus vivendi* del *Homo Sapiens* con sus variantes histórica, política y económica ha provocado indicadores del Antropoceno, a saber: la deforestación, la urbanización, la agricultura intensiva, la minería, el cambio de uso del suelo, la contaminación, el aumento del nivel del mar, el aumento en la extinción de las especies que son, desde luego, graves problemas si se realizan sin un mínimo de límites, pero no los únicos; es decir, la sociedad de la tecnificación, la producción y el consumo ha alterado el *modus operandi* del Planeta. *Anthropocene: The Human Epoch* (2018), de Jennifer Baichwal, Nicholas de Pencier y Edward Burtynsky es una meditación cinematográfica sobre los estragos que los humanos han causado en el medioambiente. A lo largo de la película, la cámara se desliza sobre impactantes vistas de destrucción ambiental como las mencionadas.

Nos hemos transformado en una civilización dañina que asiente como práctica corriente la destrucción de la Naturaleza, sin percibir los riesgos ya presentes. Porque lo ecológico es también social. Por ello la crisis es también ecosocial. Por resultante, nos hallamos ante un desafío global, actual y futuro, pues los colapsos ambiental y climático ascienden en el porvenir. Incluso se ha llegado a plantear la posibilidad de no estar encadenados como forma de castigo prometeica, sino el riesgo de desaparecer en el curso de este siglo debido a tal desafío, ha expuesto el científico británico Martin Rees, y que metafóricamente narra Lars von Trier en su película *Melancolía* (2011). No obstante, la contaminación atmosférica es la causa directa de nueve millones de fallecimientos cada año en todo el mundo, lo que a la larga podría implicar que la generación de nuestros hijos o nietos vivieran menos años que nosotros. En este sentido, el filme de Joaquín Lisón, Sofía Volverá, muestra de forma brillante la antropología del ser humano como demoledor del medioambiente en su dimensión normativa, que conduce a una ecología espiritual y, por lo tanto, también a una ética de la responsabilidad.

La imagen proyectada en el inicio del docuficción de un señor mayor, que habita una cueva cercana al Mar Menor, y que bien puede ser descendiente de Tiresias o también el propio Mar Menor en versión prometeica, afirma al grupo de adolescentes la necesidad de cambiar la sociedad su relación con el medioambiente. Para ello necesitamos una nueva Ilustración con dimensión ambiental, aunque ya Adorno estableció en su Dialéctica de la Ilustración que no es posible tal movimiento cultural e intelectual sin tener en cuenta a la Naturaleza como sujeto activo, porque no es posible la existencia humana y la completa configuración de los derechos humanos sin otros derechos de la Tierra. Esta cuestión no es baladí, pues durante el Renacimiento hasta la Ilustración y los tiempos posteriores se ha ido configurando la tesis del *sujeto* en tanto en cuanto es el punto de partida práctico y teórico del conocimiento. Por ello cada época crea su propia subjetividad. Y la presente debe elaborar una Ilustración experiencial y no proyectiva cuyo *focus* sea tanto en el ser humano como en la Naturaleza, a fin de convertirse en alternativa positiva al Antropoceno, cuya determinada calificación, como han observado los lectores, es negativa. Este es el espacio moral que hemos de alcanzar, una inversión del modelo con el que nos hemos gobernado hasta el presente.

En el contexto existente algunos proponen la colonización de la Luna y también Marte. Sus propuestas son de huidas, y émulas del film *2001 Una odisea del espacio*, de Stanley Kubrik, basada en el relato *The Sentinel*, escrito por Arthur C. Clarke en 1948, que prevé colonias de diversos países en la superficie lunar y viajes tripulados a Júpiter. En contraste, se han dado propuestas de resistencia y cambios. Por ello, se piensa que la actual situación reclama y apremia la creación de una gnosis planetaria –en consonancia con la dimensión de la ecología mental propuesta por Guattari en *Las tres ecologías* (1989)– capaz de esbozar desde la perspectiva de la época y sus aprietos un plan que afronte la nueva complejidad y que funde las medicaciones necesarias, con el objetivo de alcanzar la *utopía real* que ejemplifica la película Sofía Volverá. En el inicio del filme se observa la acción del *homo faber* por medio de la destrucción del Mar Menor y sus cuencas luego hacia el final del filme transmuta merced a un *homo ecologicus* dispuesto no solamente a hacer una crítica social, sino también a derribar las instituciones de los viejos órdenes a fin de concebir un ethos público lo suficientemente poderoso para enfrentarse al ethos del neoliberalismo y al ethos del derecho occidental. Esta utopía real es un objetivo alcanzable de forma gradual y realista.

La utopía real permite luchar contra la idea del pesimismo y la imposibilidad de que nada puede cambiar porque, como siente la poeta Olivia Martínez Giménez de León:

Llaga
Si la constancia del agua
hace medrar a la roca,
por qué no.
Lengua de dios,
hazme barro entre las llagas
de su aliento.

Por ello, debemos imaginar y construir el futuro por medio de alternativas a las presentes, máxime porque las narrativas dominantes tienden a neutralizar cualquier riesgo.

El Ecoceno podría considerarse una elección distinta al Antropoceno, porque propugna por una coexistencia de todas las formas de vida en el Planeta, y en su marco conceptual ha de adherirse la nueva Ilustración señalada anteriormente. Se trata de una noción que ha de ir más allá de un carácter geológico, esto es, ontológico y epistemológico. Y que se relaciona con la teoría Gaia.

En nuestra opinión hay estrategias que pueden formar parte de esta *era* que pretende modificar la forma de habitar el Planeta o, cuando menos, de una forma diferente de las dinámicas dominantes, amén de lograr una concepción del mundo, pues sin ella nos aquejan catástrofes y desgracias reflexionó Albert Schweitzer.

La transición energética busca reducir la dependencia de los combustibles fósiles y promover el uso de fuentes de energía renovable para lograr un sistema energético más sostenible y limpio. El objetivo principal es reducir las emisiones de gases de efecto invernadero para mitigar el cambio climático y contribuir a la lucha contra el calentamiento global.

El *rewilding* es una práctica de conservación que busca restaurar ecosistemas y especies a sus estados naturales mediante la eliminación de barreras humanas y la reintroducción de especies extintas. El objetivo es permitir que el medioambiente evolucione de manera natural y sostenible, con el fin de mejorar la biodiversidad y la resiliencia al cambio climático. En otras palabras, se pretende disminuir el impacto humano en la Naturaleza usando la biología de la conservación y la ecología, y, con ello, renaturalizar los ecosistemas como es el caso del Mar Menor, cuyo estado ecológico se encontraba más saludable hace seis o siete décadas que en la actualidad, aunque por entonces ya había actividad turística y poblacional en la zona, como afirman los vecinos en el docuficción, pero sin llegar a los niveles de contaminación y sobreexplotación habidos posteriormente. Desde una perspectiva menos científica y en el marco de aquella noción anglosajona, hay un movimiento social que aboga por vivir de forma salvaje, en el medio natural: ¿Serán seguidores del filme *Captain Fantastic* (2016), de Matt Ross, con un magistral Viggo Mortensen que educa a sus hijos en medio de las montañas o se decantarán por llamar salvajes y protectores del medioambiente mientras pasean virtualmente por la Patagonia desde una bicicleta elíptica?

El decrecimiento económico es otra opción que propone una reducción consciente del crecimiento económico, con el objetivo de alcanzar un equilibrio más sostenible entre las necesidades humanas y los límites del planeta. Por ese se enfoca en reducir el consumo de recursos naturales, la producción de residuos y la emisión de gases de efecto invernadero, y promover una distribución más justa de la riqueza y el poder. Esta propuesta también se relaciona con la idea del crecimiento económico infinito, ligada al término *progreso*.

Otra propuesta en el marco del Ecoceno la hace el movimiento agroecológico. Da un enfoque para la producción de alimentos que se basa en la ecología y la sostenibilidad. Se enfoca en el desarrollo de sistemas agrícolas que imitan los procesos ecológicos naturales y se basan en la diversidad biológica, la resiliencia y la sostenibilidad a largo plazo. Al contrario de la agricultura intensiva que ha causado problemas graves en el Mar Menor –así lo constatan los movimientos sociales que participan en la película y también de forma sobresaliente el thriller *La Nube* (2021), de Just Philippot–, este movimiento promueve prácticas agrícolas sostenibles, como la rotación de cultivos, el uso de abonos orgánicos y la conservación de la biodiversidad, en lugar de la práctica agrícola agresiva en el uso de químicos y monocultivos.

Se debe entender, consiguientemente, el deber de transformar el sistema económico y jurídico, también cultural y social en la medida que existe un abismo entre la destrucción del medioambiente y el cambio climático y la percepción ciudadana del siglo XXI: "No me podía imaginar que pudiéramos llegar a esto" (atestigua una activista en la película que analizamos mientras está subida en un barco surcando un mar con peces muertos), desde sus mismos fundamentos para responder a los retos mayúsculos que afrontan las sociedades contemporáneas en el contexto del cambio de era geológica. Es conveniente que ese cambio deba producirse a partir del abandono del paradigma antropocéntrico, transitando hacia una visión holística que permita una aproximación al conjunto del Planeta como bien jurídico principal. De lo contrario, y si nos fijamos bien estos planteamos se realizan para imaginar el futuro, quizá el negocio del siglo actual (el Siglo de la Gran Prueba, según Jorge Reichman) sea la supervivencia, no la inmortalidad.

En suma, si afinamos la mirada, la cuestión de fondo del término Antropoceno es la reconceptualización de las relaciones entre el ser humano y el medioambiente, de por medio hallamos la tecnología.

4 El Derecho Internacional en la era del Antropoceno

De una larga travesía en barco

La expansión de la noción de Antropoceno a otras ciencias es ineludible. Es un término amplio, que debe expandirse poco a poco, como el Mar Menor se expandió en la mitología de Sofía, especialmente en su infancia, haciéndolo parte de ella como un sujeto vivo con el que reír.

Los sistemas naturales de la Tierra son complejos y están interconectados. Funcionan como un conjunto de procesos que interactúan entre sí, creando un equilibrio dinámico en el que cada componente tiene una función importante. Tales sistemas son la atmósfera, la hidrosfera, la litosfera y la biosfera. Por consiguiente, el sistema Tierra es un sistema autónomo al del ser humano. Desde este punto de vista, la Naturaleza no es simplemente un objeto pasivo que acusa los impactos de la acción humana, sino que es un sistema vivo que responde y se adapta a los cambios en su entorno, aunque este sea alterado por los humanos. De hecho, el enfoque que los humanos dan a la Naturaleza es un "invento", esto es, las culturas se diferencian en la forma en que construyen la relación entre seres humanos y la Naturaleza, y que estas diferencias están determinadas por las formas en que cada cultura organiza la sociedad y su *ethos*. En otras palabras, la construcción de la relación entre los humanos y el medioambiente no es una cuestión universal, sino que está determinada por las cosmovisiones específicas de cada cultura, siguiendo al antropólogo Philippe Descola.

Esta perspectiva cultural, se complementa con la importancia de la comunicación en Luhmann, y la interacción entre la sociedad y el medioambiente se produce a través del sistema jurídico: es una poderosa herramienta que solo tiene sentido si es incluyente, si las personas la conocen y consiguientemente pueden exigirla y aplicarla.

El Derecho Internacional en general, y su dimensión ambiental, en particular, es el subsistema que se encarga de regular la conducta humana en relación con la Naturaleza. Por ello, este mecanismo jurídico es fundamental para mantener la estabilidad y el equilibrio del sistema medioambiental, ya que establece normas y límites para la actividad humana en relación con su trato con la Madre Tierra, máxime teniendo presente que nos encontramos en el *infierno de las cosas,* como ha dado en llamarse de forma acertada por Dupuy a la idea de que el éxito de la economía y la sociedad basada en el consumo puede conducir a la propia destrucción de la especie humana a largo plazo. Esto se debe en gran parte a que el sistema dominante, es decir, el capitalista, se basa en una lógica de crecimiento económico ilimitado, sin tener en cuenta los límites finitos de los recursos naturales y la capacidad de carga del planeta.

Algunos planteamientos de Luhmann pueden resultar relevantes para pensar en la relación entre la sociedad humana y la Naturaleza en la actualidad. En su teoría de sistemas sociales, el teórico germánico sostenía que la sociedad humana no puede entenderse al margen de su entorno natural, pero al mismo tiempo, se diferenciaba de este y se autopoietizaba a través de la comunicación y la creación de normas y valores. Esto significa que, para Luhmann, la sociedad humana es un sistema que se reproduce a sí mismo y que se diferencia de su entorno, pero que al mismo tiempo no puede subsistir sin él. En este sentido es importante una comunicación efectiva y transparente entre el sistema jurídico y el científico, también el económico porque el enfoque de la dimensión ambiental del Derecho Internacional adiciona, que no sustituye, nociones derivadas de las Ciencias Naturales, como es el término Antropoceno.

El Antropoceno da cuenta en la falsa creencia de que los humanos seremos los únicos protagonistas del habitar en la tierra; también nos pone frente al espejo respecto de nuestra forma de ser; es decir, nuestro instinto de poseer y acumular, nuestro impulso por la comodidad y la felicidad inmediatas, gana. Cuando nos explican que en el futuro sufriremos grandes problemas, la vida en la tierra se verá severamente perjudicada y las futuras generaciones enfrentarán severas dificultades, no nos importa porque los instintos egoístas y posesivos se apoderan de analizar racionalmente las situaciones de la vida. El instinto humano rechaza los mecanismos de regulación y control racional y permite que prevalezcan los impulsos primitivos.

Partiendo de esta base y yendo a lo legal, este término geológico plantea nuevos desafíos para el discurso jurídico, ya que la actividad humana se ha convertido en una fuerza geofísica que está alterando significativamente los sistemas naturales del planeta. En este contexto, el discurso jurídico debe adoptar una perspectiva más amplia y compleja para poder abordar adecuadamente los desafíos actuales.

El Derecho es un mecanismo imprescindible para salvaguardar a la Naturaleza y al ser humano. El discurso jurídico hace tiempo que comenzó a familiarizarse con la noción de Antropoceno, por eso se enfoca la cuestión jurídica en la protección del medioambiente, como sucede con la regulación de las actividades humanas que pueden tener un impacto negativo en la Naturaleza y también se promociona las prácticas sostenibles y responsables. Asimismo, se ha reconocido que tal protección es una responsabilidad intergeneracional, lo que supone unas coordinadas globales y temporales, por dar protección a sujetos que todavía no han nacido. Esta responsabilidad es, por lo tanto, colectiva. Esto significa que toda la sociedad civil, Estados y organizaciones internacionales tienen la responsabilidad jurídica y moral de proteger la Naturaleza y promover prácticas sostenibles. Esto sería lo lógica si no entrara en juego el sistema económico-capitalista, y consiguientemente, el interés individual por encima del colectivo.

El filme *Sofía volverá* creo que nos muestra una nueva realidad jurídica, una nueva ética como *prius* del Derecho. Nos hace formularnos la cuestión siguiente, ligada al término de Antropoceno: ¿Cómo habitar la Tierra? Las diferentes ciencias han de dar respuesta, para el presente caso, será la jurídica, pues ese nuevo habitar es buscar la paz y el equilibrio entre el ecosistema, para el caso el Mar Menor, y los humanos y su derecho, como se visualiza con la vuelta de Sofía a Los Alcázares, en 2056, tras su marcha obligada a Canadá.

Se pueden distinguir dos líneas dominantes en el debate jurídico sobre el Antropoceno, a saber: el diseño ambiental y la protección del medioambiente. Los enfoques afirmativos del Antropoceno tienen como objetivo desarrollar activamente los instrumentos jurídicos para diseñar los procesos naturales de acuerdo con las necesidades humanas. En contraste, los enfoques escépticos del Antropoceno sostienen que la tarea del Derecho es proteger el medioambiente contra las invasiones cada vez más destructivas e intrusivas de la actividad humana. En cualquier caso, el focus ecológico y el pensar ecológico deben abarcar el todo, sin centrarse en una parte solamente, y sin hacer gala de un retorno utópico a la Naturaleza.

Dicho lo anterior, creo que el Antropoceno no describe solamente un conjunto de crisis ecológicas, sino más bien un desafío a la forma en que el Derecho ha configurado el estatuto jurídico de la Naturaleza y su relación con los humanos, o para ser más preciso, el Derecho hegemónico tanto a nivel nacional como a nivel internacional, porque las grandes potencias son occidentales (Estados Unidos, Reino Unido, Francia, Alemania), e imponen no solamente su sistema económico en el marco de las relaciones internacionales sino también su perspectiva jurídica. Así, el Derecho no es principalmente una herramienta para mitigar las crisis ecológicas asociadas al Antropoceno, sino más bien una parte integral de la estructura económica de explotación que ha provocado el Antropoceno. Este enfoque interpela, de un lado, a la reevaluación del concepto de subjetividad y perspectiva jurídica que sustenta el derecho moderno. Solo una noción ampliada de subjetividad legal tendrá la oportunidad de comprender los complejos modos de coexistencia y relaciones entre especies necesarios para lograr una nueva forma de relacionarse con los procesos naturales, las entidades no humanas y las cosas en un mundo más que humano. De otro, al *buen derecho* al que hace alusión el profesor José Manuel Rodríguez Uribes en su libro *El buen derecho (o las dos muertes de David Gale)* en la colección cine y derecho de Tirant lo Blanch.

Lo anterior se relaciona con nuevos enfoques materialistas para argumentar que el Antropoceno denota el problema epistemológico para adaptar la normativa al conocimiento científico en evolución constante respecto del Sistema Tierra y sus límites planetarios. Según este punto de vista, el Antropoceno tiene también una dimensión ontológica en el sentido de que cuestiona la concepción dualista de la relación entre los seres humanos y la Naturaleza. De nuevo, el punto neurálgico, la dicotomía cartesiana. Conflicto creado por el ser humano, y que magníficamente representa la película de animación japonesa *La princesa Mononoke* (1997), de Hayao Miyazaki. El personaje principal es Ashitaka, busca encontrar una solución al conflicto. ¿La subjetividad jurídica reconocida a la Naturaleza podría ser una solución? Lo iremos viendo. Este filme, al igual que nuestro docuficción, sugiere que solo a través de la comprensión y el respeto mutuo entre la sociedad humana y la Naturaleza se puede lograr un futuro sostenible y mejor bienestar. En esta línea se pronunció el secretario general de las Naciones Unidas: "Hacer las paces con la Naturaleza es la tarea que definirá el siglo XXI. Debe ser la máxima, máxima prioridad para todo el mundo, en todas partes".

Profusamente habitado por una fauna preciosa

"El Derecho, como el aire, está en todas partes", sentenció el jurista Carlos Nino. La cuestión es ver de qué modo está en esas partes, cómo se adapta: ¿Será un camaleón o, en cambio, un tiburón blanco? La adaptación del Derecho a los procesos ecológicos requiere un cierto sosiego paulatino. Poco a poco se adhieren al sistema jurídico nociones como las siguientes: biodiversidad, generaciones futuras, desarrollo sostenible... Y el lenguaje sí es un motor esencial para crear o imaginar realidades. ¿Qué realidad hay entre el Derecho Internacional y el medioambiente: armonía o dominación? Veámoslo.

La declaración de emergencia ecológica es el resultado del reconocimiento de la agudización y gravedad de la actual crisis ecológica. Sin embargo, la conciencia y el reconocimiento de la gravedad de los problemas ambientales no es nueva. La existencia de numerosas normas jurídicas que regulan una serie de actividades humanas para controlar los problemas ambientales provocados por el ser humano muestra que las autoridades públicas consideran que la degradación ambiental es un problema que debe abordarse y resolverse a través de diversos medios, incluido el Derecho. Sin embargo, se adelanta el derecho hegemónico da la espalda, por el momento, a la protección del ecosistema como sujeto de derecho. Como así se la da el padre de Sofía, Diego, a su Mar Menor cuando decide migrar a Canadá.

Dada la abundancia de regímenes internacionales ambientales y, por ende, de instrumentos jurídicos medioambientales para hacer frente a la crisis ecológica cada vez más compleja e innegable, es indiscutible que existe una amplia conciencia jurídica de la destrucción de la Naturaleza, provocada por el ser humano. De hecho, la proliferación de conferencias internacionales en materia de protección ambiental es un indicador convincente de que los gobernantes son conscientes de los efectos perjudiciales del aumento de la actividad humana en el medioambiente. Las crisis ecológica y climática están creciendo en severidad y urgencia. Por lo tanto, además de la conciencia de la gravedad del daño ecológico, también hay una mayor conciencia de la urgencia. Así, cuanto más evidentes son los signos de la crisis ecológica, más una conciencia clara de la urgencia ecológica deja de ser prerrogativa de unos pocos científicos ilustrados y se convierte en el conocimiento general y transversal de todos los actores de la sociedad.

El mundo no solamente está interconectado por el sistema económico capitalista, también lo está por medio de la problemática ambiental o colapso ambiental: cambio climático, contaminación y pérdidas de la biodiversidad conforman una triple emergencia medioambiental que afecta a todo el planeta. El primero tiene su propia narrativa jurídico-económica en el Fondo Monetario Internacional, en el Banco Mundial y en cualquier otro mecanismo institucional; la segunda, se comenzó a configurar en el ámbito internacional en los años setenta con la documentación de problemas transfronterizos y globales como fuero y son la contaminación atmosférica, la contaminación marina, disminución de la capa de ozono o la lluvia ácida. La internacionalización jurídica del medioambiente podría enlazarse con la expansión del sistema económico, esto es, la globalización. Lo que quiero decir con todo ello es que, a problemas globales, soluciones globales. De este modo el interés individual del Estado-nación se aparta (puede volver al centro de la calzada en cualquier momento) a favor del interés común de la Comunidad Internacional.

Grosso modo, se puede afirmar que el Derecho Internacional ambiental comprende un conjunto de normas jurídicas que regulan el ejercicio del poder estatal en el uso y desarrollo sostenible de los recursos naturales. Se trata de un derecho que corrige los excesos de la modernidad y el desarrollo. Por tanto, tal Derecho se considera un factor que modera, restringe o imposibilita el desarrollo ilimitado, en su caso. Entonces uno de sus paradigmas es la sustentabilidad, el desarrollo sostenible. El objetivo de este Derecho no es paralizar la tecnología y volver a un estado prístino directamente relacionado con la Naturaleza, sino garantizar que este desarrollo sea ambientalmente sostenible.

Con el tiempo, se puede observar que el citado Derecho crece en complejidad, expansión y desarrollo en cuanto a objetivos, funciones y estructuras, que le permiten adaptarse a las nuevas circunstancias, científicas, tecnológicas y económicas, poniéndose a prueba en cada momento que llegan. Aquí se expondrá una parte sustancial por cuanto se trata de instrumentos internacionales adoptadas por la Comunidad Internacional.

El Gobierno de Suecia envío una carta al Consejo Económico y Social de la ONU (1968) para la posibilidad de realizar una conferencia internacional en materia ambiental porque "los cambios provocados por el hombre en el medio natural se habían convertido en un problema urgente para los países desarrollados y los países en desarrollo, y que estos problemas solo podían resolverse mediante la cooperación internacional". Aquel documento exploró una muestra afirmativa al aceptar la ONU la celebración de la Conferencia, por lo tanto, se aceptaba la existencia internacional de desafíos ambientales. ¿Qué impedía hasta entonces tomar verdadera conciencia de la degradación del medioambiente? Posiblemente, que afectaba a los países desarrollados, o no tanto como a los en desarrollo; o quizá había grupúsculos reacios al reconocimiento de los retos ambientales, como así hubo oposición por científicos y administración norteamericana al libro *Primavera Silenciosa* (1962), de Rachel Carson, en el que describen los efectos negativos de los pesticidas en el medioambiente y la vida silvestre, y cómo su uso masivo puede tener consecuencias graves e impredecibles. Este libro fue un llamado a la acción para proteger a la Naturaleza.

La existencia de los problemas ambientales es inequívoca, pero su proclamación por la sociedad civil, organismos internacionales, gobiernos y tribunales es asunción de la toma de conciencia ante la alarmante emergencia ecológica actual. La existencia de numerosas normas jurídicas que regulan una serie de actividades humanas en un intento de controlar los problemas medioambientales causados por la acción humana demuestra que las autoridades públicas consideran que la degradación del medioambiente es un problema que debe abordarse y resolverse por distintos medios, entre los que se encuentra el Derecho. La cuestión reside, por consiguiente, ya no en el *por qué* sino en el *cómo*. Al respeto, van de la mano los grupos político, social y científico, en la asunción de conciencia e incluso responsabilidades. Es la triada que debe afrontar la lucha contra el colapso ambiental, y que influye en la elaboración del Derecho Internacional del medioambiente.

Comparado con otras ramas del ordenamiento jurídico internacional, el derecho ambiental tiene una dependencia temporal más pronunciada y se caracteriza por su notable evolución, vinculada inexorablemente a los avances y descubrimientos científicos. Por lo tanto, parece conveniente detenerse y contemplar de vez en cuando su acelerado fluir, para intentar formular una lista que, con el tiempo, se generará ante nuestros ojos. Así se verifica en las diferentes conferencias o cumbres internacionales ambientales y de cambio climático, donde no se toma solamente en consideración al Estado, de conformidad con su responsabilidad internacional, sino también la dimensión temporal del individuo: los presentes y las generaciones venideras. Por consiguiente, se reconoce que la Naturaleza no posee solamente una dimensión multidisciplinar, sino también transgeneracional.

Como veremos, también se ha avanzado a nivel institucional, lo que ha propiciado el establecimiento de viejos principios y el surgimiento de otros nuevos.

En los primeros setenta años del siglo XX hubo algunos instrumentos internacionales como el Convenio entre los Estados Unidos y el Reino Unido relativo a la protección contra la contaminación de los ríos fronterizos (1909), el Convenio de Londres para la conservación de la flota y fauna natural en África (1930), el tratado de Washington sobre la Antártida (1959), entre otros. Es a partir de los años setenta cuando se lleva a cabo la internacionalización jurídica en materia ambiental, auspiciada por la ONU; también fue el estallido de la crisis del petróleo de 1973, que marcó un cambio cualitativo en el modelo industrializado, incapaz de conservar una distribución equitativa en la renta en paralelo con la expansión económica, como otrora sí había ocurrido. Además, esta crisis tuvo un impacto significativo en el medioambiente. Como resultado, y un año después de la Declaración de Estocolmo, se comenzó a buscar alternativas energéticas, lo que llevó a un mayor interés en la energía renovable y la eficiencia energética. En general, la crisis del petróleo fue un catalizador para un mayor reconocimiento de la necesidad de proteger el medioambiente y de buscar alternativas energéticas más sostenibles, como son la energía solar y eólica: ambas se están utilizando en los alrededores del Mar Menor.

En 1972 hubo dos acontecimientos que, sin precisar mucho su sentido, dan orientación ambiental al Derecho y, además, conciencia a las personas del objetivo prioritario de los recursos naturales y la Naturaleza.

En primer lugar, se celebró la Conferencia de las Naciones Unidas sobre el Medio Humano, celebrada en Estocolmo, donde se adoptó la Declaración de Estocolmo. Fue un momento clave en el ordenamiento jurídico internacional, porque supuso la internacionalización positiva de la cuestión ambiental (base jurídica arts. 1, 55 y 56 de la Carta de las Naciones Unidas), lo que podría interpretarse como el nacimiento de un nuevo orden mundial en la protección del medioambiente y la importancia del término *desarrollo*, para los instrumentos jurídicos internacionales adoptados con posteriores. Además, puso de relieve que la Naturaleza y sus recursos ya no son objetos infinitamente disponibles, objetos sobre los que se actúa, con afán de explotarlos, identificando en ellos temas indisponibles que también imponen sus propios requerimientos, sino sujetos. De lo que se trata entonces es de que la apreciación técnico-jurídica desarrollo y proteja realmente este nuevo *focus*.

Tras la Conferencia de Estocolmo, proliferaron los instrumentos internacionales sobre el medioambiente. Estos, en su conjunto, supusieron cambios fundamentales en la normativa internacional en torno a la protección del medioambiente hasta ese momento, cambios que afectarían no sólo la forma, sino también el contenido de los instrumentos internacionales sobre la materia.

En segundo lugar, el informe de los límites del crecimiento elaborado por el Club de Roma, fundado en 1968. Analiza los efectos del crecimiento económico y demográfico en el medioambiente y los recursos naturales. Fue uno de los primeros informes en alertar sobre los límites del crecimiento económico y la necesidad de abordar los problemas ambientales y de los recursos naturales a nivel mundial. Concluyó que, si las cosas continuaban a un ritmo rápido de crecimiento, posiblemente el planeta alcanzaría los límites absolutos en un siglo. Dos informes posteriores (1992 y 2004), reiteran que (¡descubren que el fuego quema!) "no puede haber un crecimiento poblacional, económico e industrial ilimitado en un planeta de recursos limitados". Igualmente, la Declaración de Estocolmo se refiere a ello en los siguientes términos: "Destrucción y agotamiento de recursos insustituibles".

Por medio de estos dos sucesos tuvo lugar la adopción de la Declaración sobre el derecho al desarrollo, aprobada por la Asamblea de las Naciones Unidas en su resolución 41/128, de 4 de diciembre de 1986, donde se establecen las líneas jurídicas de este derecho. Se reconoce como "un derecho humano inalienable en virtud del cual todo ser humano y todos los pueblos están facultados para participar en un desarrollo económico, social, cultural y político en el que puedan realizarse plenamente todos los derechos humanos y libertades fundamentales, a contribuir a ese desarrollo y a disfrutar de él.". Un año después de tal Declaración se adoptó el Informe *Nuestro futuro común* - conocido como el Informe Brundtland– que elabora la noción *desarrollo sostenible*, con base en la Declaración de Estocolmo. Se entiende por desarrollo sostenible aquel que "satisface las necesidades del presente sin comprender la capacidad de las generaciones futuras para satisfacer sus propias necesidades". Este informe fue un llamado a la acción para abordar los desafíos ambientales y económicos del mundo de una manera que permita a las personas vivir de manera satisfactoria en el presente y garantice un futuro sostenible para las generaciones futuras. Noción que se internacionalizó y normativizó como veremos en la Declaración de Río.

Asimismo, la noción de desarrollo sostenible se vincula con el Programa de las Naciones Unidas para el Medioambiente desde sus comienzos. Conocido por sus siglas PNUMA, marca un hito importante en el fortalecimiento de la gobernanza ambiental mundial porque su misión es proporcionar el marco institucional para promover la cooperación internacional sobre el medioambiente y el desarrollo y coordinar la acción dentro del sistema de las Naciones Unidas, también ayuda a abordar los desafíos medioambientes, tal y como el del Mar Menor. El PNUMA ha trabajado en colaboración con las autoridades locales y otros actores relevantes para abordar los problemas ambientales y promover la sostenibilidad a largo plazo de la zona. Asimismo, ha participado en la elaboración de estrategias y planes de acción para la recuperación y protección del Mar Menor, incluyendo la promoción de prácticas agrícolas y turísticas sostenibles. También ha colaborado en la investigación científica sobre los problemas ambientales de esta laguna murciana, incluyendo la identificación de las causas y la evaluación de los impactos sobre la biodiversidad y el ecosistema.

En el periodo comprendido entre 1972 y 1992 se adoptaron acuerdos sobre la contaminación transfronteriza; la protección de determinados tipos de fauna y flora silvestres; el control del comercio transfronterizo; la protección de patrimonio natural mundial, entre otros. Son textos jurídicos internacionales que pretenden hacer más eficaz la protección ambiental en general, y en diferentes materias concretas. En este sentido, debemos de destacar la Convención sobre el Derecho del Mar (1982), porque es considerada como una de las leyes marítimas más completas y amplias. Regula derechos y obligaciones en materia de delimitación marítima, conservación y gestión de los recursos marítimos y la protección del medioambiente marino. Establece, además, un sistema de tribunales y mecanismos de resolución de disputas en materia marítima, como es el caso del Tribunal Internacional del Derecho del Mar (1982).

Black Sea (2014), de Kevin Macdonald es una película de suspense y aventura que puede ser interpretada de conformidad con el tratado antedicho. Narra la historia de un grupo de submarinistas, comandados por Jude Law (nombre fílmico es Robinson, ¿un guiño al Crusoe de Defoe?), que buscan un tesoro perdido en el fondo del Mar Negro. A medida que avanza la expedición los enfrentamientos no son solo físicos o verbales, sino que también podrían ser jurídicos. Los protagonistas deben lidiar con leyes marítimas que regulan la búsqueda del tesoro en el mar, incluida normativa sobre la delimitación marítima y la protección del medioambiente marino. Pero la cuestión jurídica también surca al mar de la reflexión, y es que, de conformidad con la Convención del derecho del mar, hete aquí la posibilidad de la distribución equitativa de los recursos marítimos y la justicia en la resolución de los contenciosos en aguas saladas. Los mares se surcan, como así nos enseñó Jack London en sus *Cuentos de los mares del sur* (1911), pero no solo se requiere conocimientos marítimos, sino también jurídicos, y el tratado citado es la norma suprema al respecto.

Veinte años después de la Conferencia de Estocolmo, tuvo lugar la convocatoria de Río de Janeiro sobre el Medioambiente y Desarrollo (1992), que es la culminación del proceso que comenzó con la Declaración de Estocolmo. Fue importante que la Conferencia se realizara en Brasil. De este modo se transmitió el mensaje de que las cuestiones a tratar afectaban a todos los países del mundo, independientemente de su grado de desarrollo económico. La Conferencia de Rio se convirtió en un hito significativo en el avance del Derecho Internacional del medioambiente y en las políticas medioambientales nacionales, en particular para poner en práctica el paradigma rector del desarrollo sostenible, en un mundo integral e interdependiente como es la Tierra, nuestro hogar, con la Naturaleza. Reza el preámbulo de la Declaración de Río.

A partir de esta Declaración debe coligarse el derecho al desarrollo y el desarrollo sostenible. Ambos están relacionados, ya que el primero es un elemento clave para el segundo, para garantizar un presente y, sobre todo, un futuro. Además, el término *sostenibilidad* debe guiar la acción no solo dentro del sistema de la ONU, sino en todos los niveles, incluidas las agencias privadas, las oenegés y, por supuesto, el diseño de políticas gubernamentales.

Asimismo, desde la Río de Janeiro, la idea de desarrollo sostenible se ha convertido en la piedra filosofal a nivel mundial, esto es, armonizar el crecimiento económico y la protección del medioambiente: ¿Nos hallamos ante un oxímoron? Si nos guiamos por lo narrado en el docuficción, sí, pues el sistema económico capitalista ha devorado al ecosistema del Mar Menor. Además, debemos tener en cuenta que tanto el sistema económico como el sistema ambiental están en constante cambio y evolución. De hecho, *a contrario sensu* de lo que se piensa, la Naturaleza no es un sistema estático y equilibrado, investigó y demostró Daniel Botkin en su libro *Armonías discordantes* (1990).

En cualquier caso, esta Declaración, al igual que el filme Sofía Volverá, fue un éxito para concienciar a la gente en materia ambiental. Ahora bien, ello no es óbice para hacer un balance crítico de Rio. La cumbre se centró en los problemas ambientales, pero no abordó lo suficiente la pobreza y el desarrollo económico como factores clave en la degradación ambiental. Asimismo, hubo ausencia de países industrializados, como los Estados Unidos, siempre a la vanguardia militar y siempre a la cola de la protección ambiental. Desde un punto más jurídico, a los acuerdos políticos adoptados no vincularon mecanismos efectivos de monitorio y evaluación de la implementación de los compromisos. Al final, nos podemos encontrar como una cumbre magnífica en marketing, pero pobre en el fondo, o cuando menos en la modalidad de ese fondo.

Diez años después de Rio, se celebró la Cumbre Mundial sobre Desarrollo Sostenible de Johannesburgo, también conocida como la Cumbre de la Tierra. Se llevó a cabo en 2002 y reunió a líderes de todo el mundo para abordar los desafíos globales relacionados con el medioambiente y el desarrollo sostenible. Se propuso un programa de acción llamado "Johannesburgo Plan de Acción" para abordar temas como la gestión de los recursos naturales, la reducción de la pobreza y la mejora de la calidad de vida en todo el mundo. También se hicieron compromisos para mejorar la cooperación internacional en materia de desarrollo sostenible y fortalecer la implementación de los objetivos de desarrollo sostenible de las Naciones Unidas.

En un análisis de máximos, la Cumbre es una extensión en el tiempo de Rio, o su segundo parte, por lo que los déficits de aquella se aplican a esta también. En un análisis de mínimos, que parece ser la regla general en la protección de medioambiente, la Cumbre de Johannesburgo ha mantenido el tema del desarrollo sostenible en el centro de la discusión a nivel mundial, con el objetivo de "a construir una sociedad mundial humanitaria y equitativa y generosa, consciente de la necesidad de respetar la dignidad de todos los seres humanos".

En 2012 se celebró la Cumbre de Rio +20. Esta completa la trilogía comenzada en Rio 1992. Se llevó a cabo en Rio de Janeiro en 2012 con el objetivo de revisar los progresos y desafíos en la implementación de la Agenda 21. La cumbre tuvo un enfoque en temas como el crecimiento económico verde, la energía sostenible, la gestión de los recursos naturales y la reducción de la pobreza. Sin embargo, con carácter general, se puede considerar un fracaso porque se celebró en medio de la crisis económica y financia de 2008. Por eso no se logró definir un plan de acción concreto, amén de las críticas lógicas del Sur global por la etiqueta de economía verde.

La ONU puso la fecha de 2015 para dar cumplimiento a los Objetivos del Desarrollo del Milenio (ODM) y el inicio de una agenda centra en el desarrollo y cuestiones climáticas. Por tal razón, se adoptaron los Objetivos de Desarrollo Sostenible (ODS). Estos últimos se combinan con los primeros, centrándose así en las personas y en el planeta. Si no se erradica la pobreza no se logra un desarrollo sostenible; si no se minimizan los problemas ambientales y, en particular, climáticos, no será posible tampoco la erradicación de la pobreza. Los ODS son 17 objetivos interconectados y ambiciosos que abarcan una amplia gama de desafíos sociales, económicos y medioambientales. Estos objetivos incluyen la erradicación de la pobreza, la promoción de la igualdad de género, la protección del medioambiente y la lucha contra el cambio climático, entre otros. Además, son más ambiciosos que los ODM. Además, los ODS también se enfocan en la sostenibilidad a largo plazo y en garantizar un futuro justo y sostenible para todos.

Los ODS están contemplados en el Plan de Acción para la implementación de la Agenda 2030 en la Región de Murcia. El Mar Menor es, supuestamente, beneficiado de ellos. Algunos objetivos relevantes para salvar el protagonista del filme Sofía Volvería junto con la pequeña Sofía son los siguientes:

- ODS 2. Alimentos y agricultura sostenible. Pues ambas son actividades económicas importantes en el Mar Menor, y es necesario abordar su impacto en la salud del ecosistema marino y en la economía local, representada esta última en el docuficción a través de los pescadores que debaten, en el inicio del filme, si hacer o no huelga.
- ODS 6. Agua limpia y saneamiento. La calidad del agua en el Mar Menor ha sido un problema persistente y es necesario abordar las fuentes de contaminación para garantizar un suministro de agua seguro y un ecosistema marino saludable.
- ODS 14. Vida submarina. La laguna murciana es casa de una gran variedad de especies marinas, cuyo hábitat ha de conservarse con el fin de garantizar la biodiversidad y la sostenibilidad a largo plazo.
- ODS 15. Vida en la tierra. El Mar Menor es un importante hábitat para una gran variedad de especies terrestres, incluidos mamíferos, aves y reptiles; por lo tanto, la protección y la conservación de su hogar es una condición indispensable para su supervivencia.

Para abordar los desafíos y alcanzar los ODS más relevantes para la recuperación de Mar Menor es ineludible la voluntad de todos, para trabajar de manera coordinada entre las comunidades locales, los gobiernos, las oenegés y los expertos. También es preciso fomentar prácticas sostenibles en la agricultura, la industria pesquera y el turismo, y avalar un manejo conveniente de los residuos y la contaminación para proteger la calidad del agua y el medioambiente en general. En otras palabras, para abordar lo anterior se necesita hacer todo lo contrario a lo hecho hasta ahora.

1972-2022.Transcurridos cincuenta años de la celebración de la Conferencia de Estocolmo, se celebró en la misma ciudad una reunión internacional crucial sobre el medioambiente: Estocolmo + 50. Este evento ha sido una oportunidad para abordar los desafíos ambientales actuales y encontrar soluciones adecuadas y eficaces. El lema *un planeta sano para la prosperidad de todos*, se refiere a la idea de que la salud del planeta es esencial para la prosperidad y el bienestar de las personas, las comunidades y las economías. La responsabilidad de proteger el medioambiente es, en teoría, compartida por todos, incluidos los gobiernos, las empresas y los ciudadanos. Al mismo tiempo, la protección del medioambiente también es una oportunidad para desarrollar tecnologías y soluciones innovadores que impulsen la economía y mejoren la calidad de vida de las personas. La reunión o conferencia alzó la voz para solicitar una acción acelerada para cumplir con los objetivos de la Agenda 2030 y el Acuerdo de París. En cuanto a las áreas de acción prioritarias, estas son: neutralidad de carbono como un objetivo importante para sus países y, para algunos, alcanzarla significa reducir la degradación de los bosques y la tierra, aumentar la reforestación, cambiar a energía renovable, eficiencia energética en la construcción de infraestructura y uso eficiente de los recursos en sectores clave como la agricultura. Asimismo, la mayoría de los participantes manifestaron la inequívoca e imprescindible necesidad de un cambio de las relaciones humana con la Naturaleza.

En la Cumbre de la Tierra, celebrada en abril de 2010 en Cochabamba (Bolivia), se denunció el sistema imperante, defendiendo en una proclamación solemne, por medio de un movimiento ambiental, los derechos de la Tierra. Además, se incluyó un duro alegato contra el sistema político-económico imperante, dañino para el medioambiente. Es un ejemplo en el que ha de reflejarse el sistema jurídico a fin de cambiar las tornas.

De todo lo anterior cabe colegir varias cuestiones.

En primer lugar, hay una tendencia a ignorar el tema de la degradación ambiental y centrarse en el desarrollo sostenible, que es una manifestación del derecho al desarrollo en lugar de la protección del medioambiente. Así, si la Conferencia de Estocolmo abordó el medioambiente humano, la Conferencia de Río se centró en la relación entre medioambiente y desarrollo, y las sucesivas más en el desarrollo sostenible. Ciertamente esta noción ha disipado varios equívocos que habían obscurecido la noción de los límites reales de la preservación del ecosistema planetario para las presentes y futuras generaciones. El primero es el relato de la fábula de que los recursos naturales no tienen fin, tanto renovables como no. El segundo es la leyenda de la facultad ilimitada de asimilación del medio a los efectos de la humanidad. El tercer mito es la creencia de que el medioambiente es capaz de sanar cualquier daño que se le haga, de hecho, es curativo. Esto pone de relieve que, además, todas esas creencias son incompatibles con el principio de sostenibilidad. Pero, con todo, se deja de lado la protección ambiental.

En segundo lugar, las declaraciones de las principales conferencias internacionales que han ocurrido en el pasado han sido de particular importancia en la configuración del derecho internacional ambiental, sobre todo en las cuestiones de los principios rectores que son su sustento estructural y definen su orientación general. Estos son los siguientes: principio de prevención; principio de precaución; principio de cooperación; principio de participación pública; principio de responsabilidad común pero diferenciada;

principio de acceso a la justicia; principio de evaluación de impacto ambiental; y principio de quien contamina paga. Sin embargo, ha habido retrocesos en el desarrollo de estos principios e incluso en su cumplimiento, con formulaciones jurídicas abstractas y poco pragmáticas, amén de la renuencia recalcitrante de la inexistente voluntad política de lograr los objetivos establecidos en los diferentes instrumentos internacionales.

En las diferentes conferencias citadas con anterioridad el pesimismo es inevitable, por lo que el discurso optimista es todavía más difícil, aunque no imposible si tenemos en cuenta que aquellas finalizan con nuevas propuestas de transición ecológica. Creo que en lo que nos sucede están activas constantes de la política, la economía y la clase social, así como cosas nuevas relacionadas con el impacto de las nuevas tecnologías, lo que confunde a veces el diagnóstico. Es decir, ni el derrotismo que cree que el rumbo de la humanidad no cambiará hasta que colisione con las consecuencias del error, ni el optimismo de que "surgirá una tecnología mágica que eventualmente resolverá todos los problemas". Estamos invitados a seguir manteniendo un enfoque equilibrado en pertinacia; un equilibrio entre el Sistema Tierra y el Sistema jurídico-económico humano. A eso lo han llamado desarrollo sostenible.

Y el súbito levante frío, ¡nos obligó a zarpar!

El cambio climático no es un problema del futuro, es un problema del presente absoluto y los afectados somos nosotros. No es necesario pensar en soluciones en términos de abandono, sino en oportunidades para replantear la idea de felicidad de manera coherente con el sostenimiento de la vida.

En la última década del siglo pasado, la gente tomó conciencia de un nuevo problema conocido como "calentamiento global" o "cambio climático". Este es el resultado de la emisión de gases de efecto invernadero, como el dióxido de carbono, que atrapan el calor en la atmósfera y provocan un aumento de la temperatura en la superficie de la tierra.

Los efectos del *global warming* incluyen un aumento del nivel del mar, la acidificación de los océanos, cambios en los patrones de la lluvia y de viento, olas de calor más frecuentes y prolongadas, aumento de las sequías, tormentas, entre otros. Obviamente, estos cambios tienen consecuencias para la salud humana, la biodiversidad y la seguridad alimentaria e hídrica.

Desde un punto de vista cinematográfico, el cambio climático ha sido filmado en varias películas, y no desde un punto de vista utópico, sino distópico o, para precisar más, ciencia ficción postapocalíptica. En parte, los informes del Grupo Intergubernamental de Expertos sobre Cambio Climático no son muy halagüeños, por lo que algunos metrajes no andan muy lejos de la realidad. *Una verdad incómoda* (2006), del director Davis Guggenheim, es un documental que aborda de manera directa y real, no ficticia, la degradación del medioambiente y los efectos negativos del cambio climático. El filme sigue a Al Gore, exvicepresidente de los Estados Unidos, quizá como mecanismo de propaganda para la candidatura del Premio Nobel de la Paz que se le concedió en 2007, mientras presenta una serie de diapositivas y datos sobre el calentamiento global y sus consecuencias. Es decir, aportaciones científicas, pero con una finalidad política individual. También expone la importancia de tomar medidas para proteger el medioambiente. De hecho, este cortometraje fue utilizado como medida de educación medioambiental en Reino Unido. La secuela del filme mencionado se rodó en 2016 y se emitió en 2017, *Una verdad muy incómoda: Ahora o nunca*, dirigida por Bonni Cohen y Jon Shenk. La película muestra los avances y los retos en la lucha contra el cambio climático, y destaca los esfuerzos por encontrar soluciones sostenibles y promover un futuro más verde. Merced a ella se sensibiliza a la opinión pública sobre la degradación de la Naturaleza, pero también podríamos hallarnos ante un filme que emula al *Gran Gatsby* (2013), en el sentido de la exploración del narcisismo de Al Gore a través del personaje principal, Al Gore activista ecológico.

Los filmes apuntados son, en mayor o menor medida, verosímiles, pues al menos no caen en las distopías que sugieren volver a lo natural para frenar la locomotora del "progreso" y retornar a la Madre Tierra, o la destrucción de todo lo construido por el ser humano, como así se visiona en *El día de mañana* (2004), dirigida por Roland Emmerich. La trama de la película se desarrolla en un futuro cercano donde el cambio climático ha causado una serie de eventos climáticos extremos que desencadenan una nueva edad de hielo y una catástrofe global. La película sigue al climatólogo Jack Hall, interpretado por Dennis Quaid, quien advierte al gobierno de los Estados Unidos sobre el peligro inminente de una tormenta de grandes proporciones, pero es ignorado. Poco después, una serie de tormentas severas arrasan el mundo. Ante ello, las naciones se unen para intentar encontrar una solución a la catástrofe (principio de cooperación). Ciertamente, el filme es una hipérbole, esto es, dramático y exagerado, pero creo que podría concienciar, como así fue, a las gentes de los efectos extremadamente adversos que el cambio climático podría producir en caso de no cumplirse los acuerdos de las diferentes Conferencias de las Partes de la Convención Marco de las Naciones Unidas sobre el cambio climático (COP).

La Convención Marco de las Naciones Unidas sobre el Cambio Climático (CMNUCC) es un tratado adoptado en la Cumbre de la Tierra en Río de Janeiro en 1992, tiene como objetivo abordar el cambio climático y sus efectos potenciales en todo el mundo. Por ello, establece un marco legal e institucional para afrontar el problema del calentamiento global, estableciendo los objetivos, principios y obligaciones fundamentales e instaura la infraestructura necesaria.

Entre las disposiciones de la Convención se encuentra la obligación de los países desarrollados de proporcionar financiación y transferencia de tecnología a los países en desarrollo para ayudarlos a adaptarse y mitigar el cambio climático. También se establece un enfoque basado en la equidad para abordar el cambio climático, reconociendo la responsabilidad histórica de los países desarrollados en la emisión de gases de efecto invernadero.

La CMNUCC sentó las bases para la adopción del Protocolo de Kioto en 1997 y el Acuerdo de París en 2015, que son acuerdos más específicos y ambiciosos destinados a abordar el cambio climático. Pero esta primera Convención sigue siendo el marco general para la acción internacional sobre el cambio climático, y todos los países del mundo son parte de ella.

El Protocolo de Kioto es un acuerdo internacional que se adoptó en la ciudad de Kioto, Japón, en 1997, en el marco de la CMNUCC. El objetivo principal del Protocolo es reducir las emisiones de gases de efecto invernadero que están causando el cambio climático. Con tal finalidad, establece objetivos de reducción de emisiones para los países industrializados que se comprometieron a reducir sus emisiones de gases de efecto invernadero en un 5,2% en comparación con los niveles de 1990, en el período comprendido entre 2008 y 2012. Además, se estableció un mecanismo de comercio de emisiones, que permite a los países cumplir sus objetivos de reducción de emisiones mediante la compra y venta de créditos de emisiones. Algunos de los mayores emisores de gases de efecto invernadero, como Estados Unidos, nunca ratificaron el Protocolo; otros que sí lo ratificaron no han cumplido los objetivos: Japón, Canadá, Rusia, Nueva Zelanda... Con el Protocolo se sentó las bases para acuerdos posteriores, como el Acuerdo de París de 2015.

El Acuerdo de París es un tratado adoptado en 2015 en el marco de la CMNUCC. El objetivo del acuerdo es limitar el aumento de la temperatura global a menos de 2 grados por encima de los niveles preindustriales, y esfuerzos para limitar el aumento a 1,5 grados. Con base en ello se instaura un marco para que los países establezcan objetivos de reducción de emisiones y desarrollen planes nacionales para combatir el cambio climático. Se incluye, también, disposiciones sobre financiamiento, transferencia de tecnología y capacidad para ayudar a los países en desarrollo a adaptar al calentamiento global y reducir sus emisiones. Actualmente, todos los países parte de la ONU son parte del tratado, aunque algunos, como Estados Unidos, se retiraron de forma temporal con la Administración Trump, pues haciendo gala de ignorancia y a favor de un neoliberalismo descabellado, el entonces presidente dijo que el acuerdo era injusto para su país porque socavaba la economía y la industria. Biden, abrazando el sentido de la responsabilidad y recordando quizá –imaginemos– el poema "miré los muros de la patria mía, si un tiempo fuerte, ya desmoronados, de la carrera de edad cansados, por quien caduca ya su valentía", de Quevedo, reincorporó a su país al Acuerdo de París, el 20 de enero de 2021, primer día de su cargo.

Sharm El Sheij es una ciudad egipcia ubicada en la península del Sinaí. Es conocida por sus playas, arrecifes de coral y parques nacionales. Y a partir de noviembre de 2022, también es conocido por el fracaso de la COP27: no alcanzó avances en materia de compromisos ni evidenció certeza de una acción significativa por parte de los países con el propósito de continuar disminuyendo las emisiones globales. No obstante, un punto positivo es que los países acordaron la creación de un Fondo para cubrir los daños y perjuicios por cuestiones climáticas, lo que supone dar un paso hacia la justicia climática. Lo que significa que el cambio climático no solamente se configura como una consecuencia del Antropoceno, sino también como una falla del sistema económico, que está causando enormes costos para las sociedades, en particular para las más pobres. Por eso, la explicación del Fondo es sencilla: los países y hogares que más contribuyen al problema son los que más medios tienen, no los que más sufren, ya que la capacidad de adaptación al cambio climático también está relacionada con la disponibilidad de recursos económicos. De momento solamente existe el compromiso, todavía no han sido definidos los importantes aspectos. Por consiguiente, se abre un universo de posibilidades y negociaciones debido a que, cuando se habla de pérdidas y daños, casi todo está por construir.

¿Asumirán los países del Norte, por medio de este fondo, su responsabilidad por contaminar más que los países del Sur, de conformidad con el principio quien contamina paga? *Bestias del Sur salvaje* (2012), de Benth Zeitlin, refleja perfectamente la situación en la que se encuentran las poblaciones del sur por la degradación ambiental. Es una película que aborda de manera poética y simbólica el impacto del cambio climático en una comunidad aislada de Luisiana llamada "The Bathtub". Los protagonistas son una niña llamada Hushpuppy y a su padre Wink, quienes luchan por sobrevivir en medio de las inundaciones y la creciente amenaza de una tormenta llamada "La Bestia". El filme utiliza elementos fantásticos y metafóricos para ilustrar los efectos del cambio climático en la comunidad. Los animales salvajes y prehistóricos se ven desplazados por las inundaciones y aparecen en lugares inesperados, mientras que los habitantes de "The Bathtub" deben aprender a sobrevivir en un mundo cada vez más hostil. El cortometraje *Sofía Volverá* sí muestra cómo las comunidades más pobres y vulnerables son las que más sufren los efectos climáticos, por ello han de recibir la solidaridad de las comunidades más ricas. Asimismo, también se plantea la cuestión central del filme Sofía Volverá, la relación entre los seres humanos y la Naturaleza, y cómo el colapso ecológico afecta a todas las formas de vida en el planeta.

¿Necesitamos un Atticus Finch ambientalista? Posiblemente sí. ¿Es este tal vez Leonardo DiCarpio? Evidentemente no; pero la estrella hollywoodiense realizó un documental sobre el cambio climático que hay que tener muy en cuenta. *Before the Flood* (2016), dirigido por Fisher Stevens. El documento destaca la importancia de la cooperación internacional para abordar el cambio climático. Se enfatiza que aquel es un problema global que afecta a todos los países, y que solo mediante una acción coordinada a nivel mundial se pueden tomar medidas efectivas para reducir las emisiones de gases de efecto invernadero y adaptarse a los efectos del calentamiento global. Es más, con base en este documental se podría afirmar la necesidad de un marco legal y regulatorio sólido para abordar el problema. Y en ello están los Estados, las organizaciones internacionales, la sociedad civil y los tribunales internacionales. Desde un punto de vista de la responsabilidad compartida y diferenciada, el documental muestra cómo los países desarrollados tienen una mayor responsabilidad histórica en las emisiones de gases de efecto invernadero y cómo deben liderar los esfuerzos para reducir las emisiones y apoyar la adaptación de los países más vulnerables. Aquí nos hallamos de nuevo con la fórmula medioambiente-capitalismo-Norte-Sur. En otras palabras, el cambio climático tiene implicaciones directas en la justicia social y la equidad. Los países más pobres y menos desarrollados son los que más sufren los impactos del cambio climático, a pesar de que son los menos responsables de sus causas. Por tanto, cualquier respuesta efectiva al cambio climático debe incluir medidas para garantizar una distribución justa de los costos y beneficios de la transición hacia una economía más sostenible, como así se ha propuesto con el Fondo anteriormente mencionado.

La crisis climática conlleva una modificación en el patrón de rivalidad entre naciones, ya que en el desequilibrio de la biosfera no habrá ganadores ni perdedores principales, aunque las oligarquías occidentales, también rusas, deseen el petróleo de África. En el peor de los casos, las pérdidas serán no lineales, pero cuando el fenómeno se extienda, todos saldrán perjudicados, sin duda. En cuanto a la cuestión ecológica, las naciones que participan desean, naturalmente, colaborar.

El calentamiento global afecta la equidad en un mundo que está unido por el peligro común: en efecto, los países más pobres serán los más perjudicados, aun cuando tengan poca participación en las GEI; pero es necesario que los países más ricos se comprometan primero. De momento, en la COP 27 hubo un compromiso por parte de los Estados Unidos y China, de nuevo se pusieron de acuerdo para enfrentarse al calentamiento global, y quieren ayudar a las comunidades de personas más vulnerables al clima en los territorios más afectos por este para el año 2030.

En este sentido se ha pronunciado el Tribunal Internacional del Mar, haciendo referencia a los impactos del cambio climático en el Ártico y la necesidad de proteger el medioambiente marino de la región. También ha conocido cuestiones relacionadas con la mitigación del cambio climático, como en la sentencia del caso *Mox Plant* entre Irlanda y el Reino Unido, en la que expuso la obligación estatal de tomar medidas para prevenir el daño ambiental transfronterizo, incluyendo, por lo tanto, el cambio climático. Asimismo, la Corte Interamericana de Derechos Humanos enfatiza la importancia de que los Estados adopten medidas para reducir las emisiones de gases de efecto invernadero, promover la adaptación al cambio climático y garantizar el derecho de las personas a un ambiente sano y equilibrado. En línea con lo establecido por la Corte, se ha pronunciado el Tribunal Europeo de Derechos Humanos en el caso Urgenda vs. Países Bajos. El Tribunal falló que los Países Bajos tenían la obligación de tomar medidas más ambiciosas para reducir las emisiones de gases de efecto invernadero y prevenir el cambio climático, en virtud de sus obligaciones de proteger los derechos humanos. Retomaremos la cuestión del cambio climático y los derechos humanos en el capítulo siguiente. Finalmente, aunque la Corte Internacional de Justicia no ha abordado directamente el tema del cambio climático como tal, en febrero de 2023 Vanuatu y el movimiento de la Juventud del Mundo por la Justicia Climática trabajan por la elaboración de una resolución de la Asamblea General de las Naciones Unidas a fin de solicitar al tribunal mencionado una opinión consultiva sobre el cambio climático y los derechos humanos; no obstante, la Corte ha destacado la importancia de proteger el medioambiente y los recursos naturales en sus decisiones: en el caso de la Cuenca del río Silala, *Bolivia contra Chile*, la CIJ se pronunció sobre la disputa entre Bolivia y Chile sobre el uso de las aguas del río Silala. En su decisión, la CIJ destacó la importancia de proteger el medioambiente y los recursos naturales, y concluyó que Bolivia tenía derecho a usar las aguas del río Silala con fines de consumo humano y animal, pero no tenía derecho a desviar estas aguas hacia su territorio.

Hasta aquí hemos visto que el Derecho Internacional del Medioambiente tiene un déficit de falta de obligatoriedad, ya que muchos acuerdos internacionales son meramente declarativos. O en el caso de que existan normas vinculantes, el cumplimiento y la aplicación efectiva de las mismas suelen ser débiles, produciéndose consiguientemente una alarmante preocupación. Ciertamente, hay margen de rectificación, aunque parece más factible lo acordado hasta el momento, se cumpla levemente.

La experiencia nos dice que el ser humano persiste en el error hasta que la realidad lo golpea. La realidad en materia ambiental ya nos ha dado varios bofetones, como el incremento de la temperatura del agua en el Mar Menor, sequía e inundaciones como la DANA en Los Alcázares, que deja también pobreza–a pesar de esta evidencia, se suele asociar el cambio climático a las olas de calor, olvidando que el cambio climático puede dar lugar a una serie de fenómenos meteorológicos extremos como el mencionado–, tal y como se visualiza en Sofía Volverá. Día a día se hacen avisos científicos, periodísticos, académicos, artísticos de que la Naturaleza se vuelve hostil por nuestra cultura bélica o consumista, y por la falta de voluntad de los Estados en cumplir las obligaciones internacionales existentes. Quién sabe si llegará el día en que conoceremos nuestra Naturaleza a través de la historia del arte, que nos mostrará el antes y el después tras verse afectada por un nuevo patrón climático. Actualmente, de hecho, existe *Climate Change Art*, un movimiento artístico que da cuenta de las consecuencias del cambio climático en referencias artísticas.

La multiplicación de instrumentos internacionales sobre el medioambiente y cambio climático durante las últimas dos décadas han puesto al sector en riesgo de un grado de fragmentación regulatoria, como la saga de las películas de héroes en Marvel. Hay un conato de tratado, con el Pacto Mundial por el Medioambiente, que busca establecer un conjunto coherente de normas internacionales sobre la protección del medioambiente. Fue propuesto en 2017 por un grupo de expertos jurídicos y ambientales y, desde entonces, ha sido objeto de debates y negociaciones en el seno de las Naciones Unidas. Sin embargo, la necesidad de un enfoque integrado de las realidades ambientales y de coordinar los esfuerzos de cooperación internacional en todas las áreas de la conservación de la Naturaleza se hace particularmente evidente en la legislación sobre el cambio climático, ya que es transversal a todo el medioambiente. Ello no es óbice para poner de manifiesto la necesidad de un tratado ambiental, pues, repitamos, los problemas ambientales afectan a seres humanos y no humanos, y las acciones y decisiones tienen repercusiones más allá de nuestro tiempo y espacio. Borges ya habló de estos espacios y tiempos en su libro *Nueva refutación del tiempo,* en el que aborda la idea de que el tiempo es una ilusión y que todas las cosas que hemos experimentado ya han sucedido y seguirán sucediente para siempre. Tesis muy aplicable al proceder de los Estados en cuestiones ambientales y climáticas.

Todo un génesis de culpas

El filósofo Hans Jonas fue un adelantado a su tiempo, y sus reflexiones son muy acertadas para la época presente. Su obra *El principio de responsabilidad. Ensayo de una ética para la civilización tecnológica,* él argumenta que, como seres humanos, tenemos la responsabilidad de proteger y preservar el medioambiente para las generaciones futuras. En este sentido, la teoría de la responsabilidad se enfoca en las consecuencias a largo plazo de nuestras acciones, en lugar de solo en sus beneficios inmediatos, y da una nueva visión del imperativo categórico "haz que tus acciones puedan tener un valor general", de Kant: actualizándolo a la tecnología. Esto significa que debemos considerar las posibles consecuencias de nuestras acciones y tomar medidas preventivas para evitar dañar el medioambiente, y evitar perjudicar a nuestras generaciones futuras. Además, el autor sostiene que la responsabilidad no solo se aplica a las acciones individuales, sino también a las decisiones de la sociedad en su conjunto, incluidas las decisiones políticas y económicas.

Esta responsabilidad es la asumida por la Comunidad Internacional para proteger el medioambiente y afrontar el cambio climático.

Particularmente, la tutela ambiental por los Estados es fundamental para garantizar la protección y conservación del medioambiente. Esta se refiere a la protección y conservación del medioambiente, incluyendo la biodiversidad, los recursos naturales y los ecosistemas, como así constata la regulación de la UE, en la que cabe destacar la Directiva 2004/35/CE del Parlamento Europeo y Consejo, de 21 de abril de 2004, sobre responsabilidad medioambiental en relación con la prevención y reparación de daños medioambientales, el Pacto Verde Europeo, la Estrategia sobre la Biodiversidad (2011) y el Programa Europeo de Vigilancia de la Tierra (Copernicus)y los ODS.

La responsabilidad internacional en materia ambiental y climática es como las raíces de un árbol. Al igual que las raíces son fundamentales para mantener el árbol en pie y proporcionarle los nutrientes necesarios para crecer y florecer, la responsabilidad internacional es esencial para prevenir y mitigar los efectos negativos del colapso ambiental y del cambio climático en el planeta. Así, aquella responsabilidad se deriva de los instrumentos internacionales adoptados por los Estados, con base en varios principios fundamentales que ya hemos visto, como el principio de precaución, el principio de responsabilidad común pero diferenciada, y el principio de cooperación.

Uno de los principales aspectos de tal responsabilidad estatal es la prevención y mitigación de los daños ambientales. Asimismo, la Comisión de Derecho Internacional ha señalado que los Estados también tienen la obligación de cooperar entre sí en la lucha contra el cambio climático, en particular para reducir las emisiones de gases de efecto invernadero y para adaptarse a los efectos adversos del cambio climático. Esta cooperación es esencial para abordar los problemas ambientales transfronterizos y globales. En relación con las obligaciones de los Estados con respecto a las emisiones de gases de efecto invernadero, el organismo aludido ha argumentado que los Estados tienen una responsabilidad compartida, pero diferenciada, en función de su capacidad económica y tecnológica. Es decir, los Estados que tienen mayores capacidades económicas y tecnológicas tienen una mayor responsabilidad en la reducción de las emisiones de gases de efecto invernadero, mientras que los Estados que tienen menores capacidades tienen una responsabilidad menor pero aun así tienen obligaciones concretas en la lucha contra el cambio climático.

Es importante destacar que la responsabilidad internacional medioambiental de los Estados no se limita solo a las acciones de los gobiernos, las empresas también juegan un papel clave en la lucha contra el cambio climático, ya que son responsables de una parte importante de las emisiones de gases de efecto invernadero. Muchas se han comprometido voluntariamente a reducir las emisiones e implementar medidas de eficiencia energética y energías renovables. Pero es importante que las corporaciones no solo actúen de manera proactiva, sino que también respondan a las políticas y regulaciones gubernamentales que promuevan la reducción de emisiones y la adaptación al cambio climático. Además, existen iniciativas conjuntas donde los Estados y las empresas pueden trabajar juntos para abordar la cuestión antedicha. Por ejemplo, los Estados podrían ofrecer incentivos y financiamiento a las empresas que toman medidas para reducir las emisiones y desarrollar tecnologías más limpias. Las empresas también pueden contribuir al desarrollo de tecnologías bajas en carbono y trabajar con los gobiernos para implementar políticas y programas de mitigación y adaptación al cambio climático. En suma, los Estados también son responsables de las actividades de las empresas y otras entidades que operan en su territorio. Se tiene la responsabilidad de garantizar que estas entidades cumplan con las normas y estándares ambientales nacionales e internacionales, y de tomar medidas para responsabilizar a las empresas que violen estas normas.

La responsabilidad civil por daños climáticos se basa en la idea de que las emisiones de gases de efecto invernadero contribuyen al cambio climático, lo que puede causar daños a las personas, las propiedades y el medioambiente. En consecuencia, los gobiernos (en 2015, un grupo de ciudadanos holandeses demandó al gobierno holandés por no hacer lo suficiente para reducir las emisiones de gases de efecto invernadero y proteger a las personas de los efectos del cambio climático. En 2019, un tribunal de apelaciones holandés dictaminó que el gobierno debe reducir las emisiones de gases de efecto invernadero en al menos un 25 % para fines de 2020 en comparación con los niveles de 1990) y las empresas (en 2018, un agricultor peruano presentó una demanda contra la empresa energética alemana RWE en un tribunal de Alemania por su papel en el cambio climático y los daños que esto había causado a su propiedad en Perú. El caso fue desestimado en 2019 por falta de competencia judicial), que emiten estos gases pueden ser considerados responsables de los daños causados. Ello de conformidad con el principio de responsabilidad común, pero diferencia, establecido en la Convención Marco de las Naciones Unidas sobre el Cambio Climático, y que, en mi opinión, se debe aplicar tanto a las empresas como a los gobiernos, sobre la base, además, de la diligencia debida y el deber de compensación (quien contamina, paga).

Centrémonos en España, para valorar su actuación en materia ambiental y climática de conformidad con su responsabilidad internacional, pues es Estado parte en los instrumentos internacionales jurídicamente vinculantes.

Así pues, la política ambiental y contra el cambio climático en España ha experimentado importantes avances en los últimos años, pero también ha sido objeto de críticas y controversias en diversos aspectos.

En primer lugar, es importante destacar que España ha adoptado una serie de medidas y compromisos internacionales para hacer frente al cambio climático. En este sentido, el gobierno español ha establecido objetivos ambiciosos de reducción de emisiones de gases de efecto invernadero, como la reducción de un 20% de las emisiones para 2020 y un 23% para 2030 en comparación con los niveles de 1990. Además, España ha ratificado el Acuerdo de París y ha establecido un Plan Nacional Integrado de Energía y Clima que establece medidas concretas para lograr una transición hacia una economía baja en carbono.

Sin embargo, a pesar de estos avances, España ha sido criticada por diversas cuestiones. Una de las principales críticas ha sido la falta de acción efectiva para proteger el Mar Menor. A pesar de las medidas adoptadas, como el Plan de Gestión Integral del Mar Menor, las autoridades españolas han sido acusadas de no haber implementado adecuadamente estas medidas y de no haber adoptado medidas más ambiciosas para proteger este ecosistema. Asimismo, la Unión Europea ha iniciado un procedimiento sancionador contra España por no haber adoptado medidas suficientes para proteger el Mar Menor y garantizar su buen estado ecológico.

La Directiva Marco del Agua establece que los estados miembros deben adoptar medidas para garantizar la calidad de las aguas superficiales y subterráneas, y España no ha cumplido con estos requisitos, como bien muestra el filme Sofía Volverá.

Otra crítica importante ha sido la falta de medidas efectivas para abordar la pobreza energética y garantizar un acceso justo y equitativo a la energía. La pobreza energética afecta a millones de personas en España, especialmente a los grupos más vulnerables, y se ha denunciado que las medidas adoptadas por el gobierno para abordar este problema han sido insuficientes. Un ejemplo es la Cañada Real Galiana. Se trata de un asentamiento irregular que sigue siendo objeto de importantes desafíos en relación con la pobreza energética y otros aspectos socioambientales, a saber: la falta de acceso a servicios básicos de energía también ha tenido un impacto significativo en la calidad del aire en la zona, lo que ha llevado a la adopción de medidas para mejorar la calidad del aire y reducir las emisiones de contaminantes.

En materia de responsabilidad civil por daños climáticos, conforme aumenta la conciencia sobre los impactos del cambio climático y se fortalece el marco legal y regulador, se están dando varios casos en España. Uno de los casos más conocidos es el del municipio de Biscarrués, en la provincia de Huesca, donde un grupo de vecinos presentó una demanda contra el Ministerio de Agricultura, Pesca, Alimentación y Medioambiente y la Federación Hidrológica del Ebro, alegando que la construcción de una presa en el río Gállego puede tener efectos adversos sobre el medioambiente y el clima Los cambios tienen impactos importantes. El Tribunal Supremo anuló la construcción del embalse. ¿Podría presentarse una demanda colectiva contra la Conferencia Hidrográfica del Seguro y el gobierno de la Región de Murcia por responsabilidad civil daños climáticos respecto del Mar Menor? Es una acción que no cabe descartar.

Desde la perspectiva de la responsabilidad internacional penal, concretamente el Ecocidio, se está elaborando. "No podemos simplemente tomar lo que queremos aquí. Tenemos que tener cuidado de no perturbar el equilibrio ecológico", dice uno de los personajes del libro *Mundo Anillo* (1970), escrito por Larry Niven. Si la mayoría de las personas mostraran esta preocupación por el impacto de la actividad humana, posiblemente la degradación ambiental no sería de la magnitud actual. Sin embargo, tal gravedad abre una nueva dimensión al considerar ciertos comportamientos y violaciones por el Derecho Internacional Penal, que no queda en las manos de los tribunales penales nacionales, sino internacionales.

Los crímenes en materia ambiental no tienen una tipificación autónoma en el Derecho Internacional Penal, sino es un subtipo en la forma de crímenes de guerra (art. Artículo 8 2) b) iv) 4) de los Elementos de los Crímenes de la Corte Penal Internacional). No obstante, en los últimos cinco años ha sido impulsada la propuesta de reconocimiento del Ecocidio como quinto crimen internacional en el Estatuto de Roma, en cuyo artículo 5 se reconoce como crímenes internacionales el genocidio, los crímenes de guerra, el crimen de lesa humanidad y el crimen de agresión.

El ecocidio se refiere a la destrucción masiva e irreversible del medioambiente. El término ha sido utilizado por activistas y defensores de la Naturaleza durante décadas para denunciar la creciente amenaza que representa la actividad humana para la salud del planeta. El movimiento en defensa del Mar Menor ha denunciado la perpetración de un ecocidio sobre la laguna murciana.

A pesar de que el término ha sido utilizado durante mucho tiempo, aún no existe una definición legal internacional del ecocidio, o menos reflejada en un instrumento internacional. Sin embargo, algunos profesores de universidad, como el que escribe este trabajo, hemos considerado en diversos ensayos académicos que se reconozca como crimen internacional, lo que permitiría al tribunal internacional penal de carácter permanente investigar y, en su caso, condenar a individuos por crímenes relacionados con la degradación del medioambiente. Aunque la propuesta no ha sido adoptada oficialmente, ha generado un importante debate sobre la necesidad de proteger la Naturaleza mediante el Derecho Internacional Penal. De hecho, el Parlamento Europeo aboga por el reconocimiento de este crimen y por la internacionalización de una política criminal centrada en la protección del medioambiente (Directiva del Parlamento Europeo y del Consejo relativa a la protección del medioambiente mediante el Derecho Penal). En este mismo sentido se pronunció la Asamblea Parlamentaria del Consejo de Europa (Resolución 2477/2023 y la Recomendación 2246/2023).

Una de las principales ventajas de considerar el ecocidio como un crimen internacional es que permitiría responsabilizar a los individuos y empresas que dañan gravemente el medioambiente. La amenaza del castigo penal podría disuadir a las empresas de llevar a cabo actividades que causen daño ambiental y motivarlas a adoptar prácticas más sostenibles. Y esta idea fue defendida intelectual y activamente por la abogada ambientalista Polly Higgins, y es digna siempre su mención.

Actualmente, las leyes ambientales nacionales e internacionales se enfocan principalmente en prevenir y sancionar las acciones que causan daño ambiental, pero no necesariamente responsabilizan a los individuos y empresas por la degradación ambiental que ya ha ocurrido. La consideración del ecocidio como un crimen internacional podría cambiar esto al proporcionar una herramienta legal para responsabilizar a los responsables de la degradación ambiental. Sin embargo, tal reconocimiento como crimen puede ser problemático porque es difícil establecer límites claros sobre lo que constituye ecocidio y quiénes son los responsables.

No obstante, mientras no se tipifique el ecocidio en un instrumento internacional, para el caso, el Estatuto de Roma, ello no quiere decir que el medioambiente no esté protegido en casos, por ejemplos, de conflicto armado, de conformidad con el Derecho Internacional Humanitario. Una de las normas más importantes en este sentido es el principio de precaución, que establece que en todo momento se deben tomar medidas para evitar o reducir al mínimo los efectos negativos del conflicto armado en el medioambiente. Este principio implica que los Estados deben evaluar los posibles efectos de sus acciones militares en el medioambiente y, en caso de que se prevea un daño significativo, deben adoptar medidas para minimizarlo. Otra norma relevante es la prohibición de ataques indiscriminados, que prohíbe atacar objetivos que no estén directamente relacionados con las operaciones militares y que puedan provocar un daño excesivo al medioambiente. Asimismo, se prohíbe el uso de armas que puedan causar un daño ambiental duradero o que puedan afectar la salud de la población civil.

Según el Programa de las Naciones Unidas para el Medioambiente, casi la mitad de todos los conflictos internos en las últimas seis décadas han sido causados por la búsqueda de recursos y espacios naturales, ya sea por su valor comercial (diamantes, minerales o petróleo) o su escasez (agua o tierra fértil). Además, la degradación ambiental aumenta la probabilidad de guerras por causas naturales. De hecho, el riesgo de volver a caer en el conflicto por los recursos naturales cada vez más escasos para la subsistencia es el doble que en caso contrario. En 2016, la ONU, concretamente su asamblea sobre el medioambiente, afirmó que tanto los ecosistemas saludables como los recursos naturales gestionados de forma sostenible reducen el riesgo de conflicto armado. ¿Qué está ocurriendo, pues, con el medioambiente en el conflicto ruso-ucraniano? Según un informe del PNUMA (2022), el país agredido por Rusia, Ucrania, se enfrenta a una crisis ambiental compleja y multidimensional que ha exacerbado los problemas existentes o ha agregado otros nuevos. Uno de los principales problemas ambientales en la zona ha sido la contaminación del agua. El conflicto ha afectado a la infraestructura de tratamiento de agua, lo que ha llevado a la contaminación de ríos y otros cuerpos de agua. Además, el conflicto ha llevado a la degradación de la calidad del agua debido al uso de explosivos y armas químicas en la zona. La contaminación del aire también ha sido un problema en las zonas en guerra (regiones de Donetsk y Lugansk). Los enfrentamientos militares y los bombardeos han producido humo y polvo, lo que ha llevado a la contaminación del aire y ha aumentado los problemas de salud respiratoria en la población local.

En la película *Apocalypse Now* (1979), de Francis Ford Coppola, ambientada en la Guerra de Vietnam, muestra cómo la guerra y la defoliación de la selva vietnamita han llevado a la degradación del medioambiente y la pérdida de la biodiversidad. Las escenas en las que se muestran los efectos del agente naranja en la población civil, incluyendo deformidades congénitas y enfermedades respiratorias, evidencian la vulneración del derecho humano a un medioambiente sano. ¿Se convertirá Ucrania en *Apocalypse Now Return*?

Agua dulce en la tierra de sembrados

El desierto que observamos en el inicio del nuestro docuficción evoca al sol, abandono y soledad. Esa carretera vacía, en la que los adolescentes conducen felizmente sus bicicletas mientras alrededor está yermo, seco, y el Mar Menor muriéndose de fondo.

Se trata de un cuerpo enjuto, moribundo, inconcebible quietud; pero con agua dulce en una tierra cerca de sembrados, alejándose el sentimiento del terror por el espejismo de aquello que todavía podría ser, así fue la decrepitud del sistema esclavista que alimentó los vientres de una sociedad que se anunciaba a sí misma como la flor de la civilización. Pero para llevar a cabo ese sembrado se necesita lidiar intelectual y activamente. Como así ocurre en la Guerra de las Galaxias, donde los rebeldes luchan contra un sistema opresivo y destructivo que busca el control y la dominación de toda la galaxia. De manera similar, la lucha contra la degradación del medioambiente puede ser vista como una lucha contra un sistema opresivo y destructivo que busca el control y la dominación de la Naturaleza. Aquí nos encontramos los que buscan la conservación y protección del medioambiente y aquellos que priorizan el beneficio económico a corto plazo, a menudo a expensas del medioambiente y de las generaciones futuras. Occidente, en general, se podría decir que busca el *status quo*, también el resto del mundo, no seamos ingenuos, pero desde las epistemologías del Sur, se están plantando y ejecutando ideas varias que podrían permitir una revolución jurídica.

Ecuador tiene una Constitución ambiental, pues reconoce los derechos de la Naturaleza. Bolivia ha promulgado una Ley de la Madre Tierra, donde antepone el cuidado de la tierra al capitalismo. Los países andinos están trabajando para cambiar el sistema jurídico imperante que permite explotar la Tierra. Y lo hacen con base en una ética que promueve la solidaridad, la responsabilidad y el cuidado de la Tierra y de todos sus habitantes. Se trata de una ética planetaria desde el Gran Sur, como expone Leonardo Boff.

La construcción de nuevas epistemologías desde el sur global es fundamental para la transformación social y la construcción de una sociedad más justa y equitativa y un cuidado del medioambiente.

En este sentido, la propuesta de una Constitución para la Tierra del jurista italiano Luigi Ferrajoli es un llamado a la acción para crear una normativa universal que proteja los derechos humanos y el medioambiente en todo el mundo. Esta idea surge de la necesidad de crear un sistema legal que esté por encima de los intereses de los Estados y las empresas, y que ponga en el centro el bienestar de toda la humanidad y del planeta.

El profesor parte de la premisa de que la Humanidad está enfrentando múltiples crisis globales, como la crisis climática, la pobreza, la desigualdad, la violencia, entre otras. Todas estas crisis están relacionadas entre sí y tienen en común la falta de respeto por los derechos humanos y por el medioambiente. Por lo tanto, la solución a estas problemáticas no puede ser abordada de manera aislada, sino que se necesita una visión global que tenga en cuenta todos los factores que las causan.

La propuesta se basa en la creación de una Constitución para la Tierra, cuya articulación normativa se plasmaría en un tratado internacional que establecería las bases para la protección de los derechos humanos y el medioambiente en todo el mundo. Esta Constitución estaría por encima de todas las normativas nacionales e internacionales, y tendría la capacidad de sancionar a los Estados y a las empresas que violen sus principios. Entre los principios que Ferrajoli propone para esta Constitución se encuentran la protección del medioambiente, la erradicación de la pobreza, la promoción de la igualdad, la defensa de los derechos humanos y la paz. Además, la Constitución para la Tierra establecería una serie de mecanismos de control y supervisión para asegurar que estos principios se cumplan.

La creación de una Constitución para la Tierra implicaría un cambio de paradigma en la forma en que se entiende el Derecho Internacional y la gobernanza global. En este sentido, tal Constitución sería una normativa vinculante para todos los países del mundo, que articularía establecería un marco común para la protección de los derechos humanos y del medioambiente. Sin embargo, esta propuesta también plantea algunos desafíos y cuestiones a considerar. Por un lado, una Constitución para la Tierra implicaría la necesidad de una cooperación internacional sin precedentes, ya que requeriría el consenso de todos los países del mundo. Por otro lado, también sería necesario establecer un mecanismo de aplicación y sanción efectivo, que permita garantizar el cumplimiento de los principios establecidos. Además, y siguiendo a Jordi Jaria-Manzano, creo que esa Constitución debe fundamentarse en una narrativa jurídica diferente de las concepciones hegemónicas del Derecho constitucional, esto es, de sus fundamentos axiológicos, y cimentares en el aspecto crucial de la idea constitucional de la interdependencia, eso es, "la superación de la divisoria entre sujeto y objeto, y vinculada a ella, un cierto reencantamiento del mundo" y "un constitucionalismo que pondría el énfasis en la idea de cuidado y la de responsabilidad más que en la autodeterminación, se proyectaría sobre la preservación de lo vulnerable, tanto en el marco de las relaciones políticas, como en relación con la Tierra en su conjunto y las diferentes manifestaciones de la vida"· (J. JARIA MANZANO, 2022, p. 344).

Reflexiones

En la era del Antropoceno, el Derecho Internacional se enfrenta a nuevos desafíos, como la necesidad de adaptarse a una realidad cambiante, compleja y globalizada –*The times they are a-changin*– así como a la necesidad de promover una cooperación más sólida y eficiente entre los Estados y otros actores, como las empresas y la sociedad civil.

En este contexto, tal Derecho es un instrumento esencial para enfrentar los desafíos ambientales y de sostenibilidad del mundo contemporáneo; sin embargo, el Derecho Internacional debe evolucionar para abordar los desafíos específicos del Antropoceno, incluida la necesidad de proteger los sistemas naturales críticos, reducir las emisiones de gases de efecto invernadero, y garantizar el acceso justo y equitativo a los recursos naturales. Su efectividad también dependerá de la capacidad de los Estados y otros actores para implementar y cumplir con los instrumentos internacionales, así como de la necesidad de promover una cultura de responsabilidad y sostenibilidad en todo el mundo. No creo que el Derecho Internacional del Medioambiente someta a la Naturaleza, respondiendo a la cuestión planteada con anterioridad, pero tampoco ha creado una relación de armonía con ella; más bien pienso que tal Derecho refleja la pugna de poder entre el pensamiento neoliberal y el pensamiento ecológico, antagonistas *sine die,* y hace de arbitro. El primero ha provocado una creciente desigualdad económica y social, así como una erosión de las instituciones públicas y una falta de responsabilidad por parte de las empresas y los líderes políticos, amén de la pérdida de una sensación de comunidad y solidaridad. Y el segundo ha promovido la existencia de una conciencia ambiental internacional y el fortalecimiento del Derecho Internacional ambiental como instrumento no de poder económico sino moderador de este a fin de proteger y salvaguardar el medioambiente. Mas, si cabe, tengamos en cuenta que el derecho al desarrollo y el desarrollo sostenible son la base de tal Derecho en la época actual, apoyando así el mantenimiento de los supuestos culturales que conducen a las crisis ambientales, aparentemente haciendo abstracción de la fragilidad del sistema de la Tierra, abogando por la continuidad del binomio cartesiano de la Ilustración y la supervivencia de la economía mundial capitalista como una estructura socioeconómica, económica y legal para la transición ecológica.

Nuestros marcos legales y de gobierno actuales no consideran las interrelaciones entre las instituciones sociales y el sistema Tierra, lo que genera inconsistencias en las políticas. La dimensión ambiental del Derecho Internacional aborda simplemente los efectos secundarios dañinos sin desestabilizar la dirección de crecimiento continuo y sostenido de la economía neoliberal. En otras palabras, la destrucción de la Naturaleza con fines de lucro ha sido institucionalizada y reglamentada, y hasta que se establezcan nuestras leyes sobre el tema, continuaremos viendo el declive del sistema terrestre. Las medidas paliativas como la transición ecológica, la conservación de energía, la introducción de energías renovables y la promoción de una economía verde o circular no pueden implementarse lo suficientemente rápido, mientras la globalización de los estilos de vida de los consumidores y la demanda de la enorme cantidad de recursos que contienen continúan creciendo.

La mejor solución es introducir un marco regulatorio para controlar el consumismo a nivel nacional e internacional, pero esto requiere un cambio de cultura e incluso de civilización, también jurídico para con la Naturaleza, como veremos.

5 Derechos humanos y medioambiente

Campo y mar tan unidos en un cántico

En la película *Amanece, que no es poco* (1989), de José Luis Cuerda, nos encontramos la escena del hombre en el bancal. La trama se desarrolla en un bancal, un terreno dedicado a la agricultura y el cultivo de alimentos, lo que sugiere una conexión con la tierra. Los hombres-planta tienen raíces en vez de piernas, afectándoles cualquier degradación del ecosistema porque ellos son parte del mismo. Además, uno de los personajes que aparece en el episodio es una vaca que habla, lo que puede ser interpretado como una representación de la relación entre los seres humanos y los animales, también.

Quizá esta obra a través de este episodio concreto, muestra el vínculo profundo que existe entre el medioambiente y el ser humano, constatando que todos son Naturaleza, como refleja el tridente del filme Sofía Volverá con Diego, Sofía y el Mar Menor, siempre juntos en la infancia. Una simbiosis que es separada por medio de cierto conocimiento humano como se puso de relieve en el primer capítulo del presente ensayo.

Esa separación entre lo humano y lo ambiental, entendiéndose este último como súbdito del primero, se ha puesto de manifiesto en el Mar Menor, ejemplo conspicuo del impacto de la industria moderna en el medioambiente, cuya separación ante lo humano y no humano se hace a través de un canal repleto de fango. Esa separación conlleva, además, el amor imposible entre Sofía y su compañero Hugo. Pues la destrucción de la laguna salada implica la separación de su amor.

El Mar Menor ha sufrido una agresión brutal, que emula a un cuerpo roto en persistente mudez. Es la rabia macerada en barro y en nitratos. Y ese cuerpo roto desquebraja los cuerpos humanos de la población murciana que se nutre, desde hace décadas, de ese pequeño mar porque no solo es un mar, es un vecino más, es la memoria de miles de personas, de familias y comunidades:

> *"Para mí, que me he criado allí, y somos de allí, nuestra primera infancia, vemos que ahora es un desastre que dan ganas de llorar por lo que han hecho allí, y se ha permitido, perdiendo nuestra infancia".*

Afirma con rabia exprimida una mujer en el filme Sofía Volverá. Ese allí es el Mar Menor, un cuerpo cubierto de lodo y nitratos; un cuerpo ultrajado y convertido en algo muy diferente a lo que fue; degradación que afecta, consiguientemente, también a los cuerpos humanos y a los derechos humanos. Emily Dickinson entendió muy bien este vínculo, y así lo reflejó en su poemario:

> *"Las hojas, como las mujeres, intercambian/astutas confidencias;/ unos cuantos saludos, y unas cuantas/portentosas conclusiones. / En ambos casos las partes/ disfrutan del secreto, /compacto e inviolable, / a la visibilidad".*

La armonía entre cuerpos ambientales y humanos implica también confidencias, como constató la poeta norteamericana. Y también la poeta Carmen Conde, cuyo poema *Ante ti* se recita en Sofía Volverá mientras Sofía, ya adulta, nada en la mar.

> *He venido a quererte, a que me digas/tus palabras de mar y de palmeras;/tus molinos de lienzo que salobres/ me refrescan la sed de tanto tiempo. / Me abandono en tu mar, me dejo tuya/ como darse*

> *hay que hacerlo para serte. /Si cerrara los ojos quedaría/ hecha un ser y una voz: ahogada viva.*

Tanto el filme como las poetas mencionadas ponen de relieve el vínculo armonioso –o no– existente entre el ser humano y el mar. Un vínculo que es, de un lado, espiritual. El mar, con sus profundidades insondables y su belleza imponente, ha sido considerado un lugar sagrado y místico por muchas personas. En la cultura cristiana, por ejemplo, el mar ha sido visto como un lugar de conexión espiritual. Una fuente de curación y de fe para Jesús, y para sus discípulos, como eran en su mayoría pescadores. De otro lado, hay un vínculo material, ya que el océano ha sido una fuente de alimento, transporte, comercio, recreación y mitología para las culturas de todo el mundo. Ambas armonías han sido reflejadas magistralmente por el pintor cartagenero Enrique Nieto, durante toda su trayectoria artística. Un ejemplo de su cuadro, abierto en la galería de Google, es el siguiente.

De conformidad con lo anterior, se pone de relieve que la crisis ecológica es, también, una crisis social. Porque la creciente degradación ambiental global entraña consecuencias económicas y sociales de amplio alcance. De hecho, si se rompiese la armonía entre derechos humanos y medioambiente, algo que ya ha ocurrido en el Mar Menor, se pone de manifiesto que al igual que el cuerpo humano requiere de cuidado y atención para mantener su salud y bienestar, el medioambiente también necesita de cuidado y atención para mantener su equilibrio y armonía. Si no se toman medidas para detener la degradación del medioambiente, las consecuencias pueden ser similares a las de una enfermedad sin tratar: la fragilidad del cuerpo humano y la vulnerabilidad de los ecosistemas pueden llevar a una disminución de la calidad de vida y, en casos extremos, a la extinción.

La democracia está fundada sobre los derechos fundamentales reconocidos al ser humano, a cada ser humano sin distinción alguna de raza, color, sexo, idioma, religión, opinión política o de cualquier otra índole, origen nacional o social, posición económica, nacimiento o cualquier otra condición, indica el art. 2 de la Declaración Universal de los Derechos Humanos. Esta visión pone de manifiesto que la legitimidad de los principios y derechos ya no dependen de la religión o asociados al *Ancien Régime*. Este nuevo orden político, basado en parte en la Ilustración, se adecúa de forma paulatina a otra nueva ilustración adherida a la nueva dimensión ambiental promovida por Theodor Adorno.

Así pues, la causa ambiental es una extensión de la Ilustración, por ello, cuestionar el antropocentrismo de los derechos humanos es una oportunidad para adaptarlos al contexto actual. El vínculo entre los derechos humanos y el medioambiente no es novedoso. Antes de configurarse y desarrollarse el Derecho Internacional del Medioambiente, la base normativa utilizada para proteger el medioambiente eran las normas de derechos humanos, si bien es cierto que los tratados fundacionales del Derecho Internacional de los Derechos Humanos se adoptaron en un contexto histórico donde la protección ambiental no estaba en la agenda ni había tantos avances científicos que verificaran la degradación ambiental y la crisis climática. Sin embargo, con el paso del tiempo los nuevos instrumentos internacionales sí se hacían eco de tal ligazón. Por lo tanto, se ha producido la ecologización de los derechos humanos, esto es, una reinterpretación de los derechos humanos con etiqueta verde.

Desde la perspectiva jurídico-ambiental y en el marco de los derechos sociales, desde la Declaración de Estocolmo de 1972, se constata que los derechos humanos y el medioambiente están estrechamente relacionados desde la perspectiva ambiental, no exclusivamente de derechos humanos. Y se atisbó en la mencionada Declaración la posibilidad de reconocer un derecho humano a un medioambiente sano que, posteriormente y auspiciado por la ONU, se ha reconocido legal y jurisprudencialmente, como veremos.

Pero cabe apuntar que antes de la modernidad la relación entre derechos humanos y medioambiente era de no separación; sin embargo, después se implantó la dualidad con el paradigma científico moderno y la Revolución Industrial, aunque también se pone el enfoque en la filosofía platónica y aristotélica como inicio de tal alejamiento. Como quiera que fuese, la Asamblea General de las Naciones Unidas (2011) reconoce

> *"que muchas civilizaciones antiguas y culturas indígenas tienen una historia rica de comprensión de la conexión simbiótica entre los seres humanos y la Naturaleza que promueve una relación mutuamente beneficiosa".*

Se trata de un vínculo importante porque "los derechos humanos y el medioambiente no sólo están interrelacionados, sino que también son interdependientes", afirmó John Knox en 2013, siendo Relator Especial sobre los derechos humanos y el medioambiente, y en cuyo mandato se propuso los Principios marco de Derechos Humanos y Medioambiente, que reunían diferentes obligaciones estatales referentes a la protección de los derechos humanos y, por medio de ellos, la del medioambiente.

Este vínculo pone de relieve que las categorías metafísicas y jurídicas de la modernidad se están resquebrajando, rompiendo y vaciando de sentido, porque no reflejan adecuadamente las realidades y los problemas que surgen no solo de la experiencia, sino también de una amplia gama de investigaciones de múltiples disciplinas que abarcan todo el espectro del conocimiento científico. En este sentido, la lectura de cambio jurídico y político que supone la ligazón antedicha es que el entorno natural se forma tanto por seres humanos como por medioambiente, también por animales, pero centrémonos aquí en el vínculo primero.

Realmente, todo lo anterior nos lleva a una pregunta tan antigua como la existencia humana: la crisis ecológica se acompaña de una urgente y poderosa amplitud de miras en *conocer quiénes somos y dónde estamos*. Cuestión que se plantea en el filme *El árbol de la vida*, de Terrence Malick (2011). Narra la historia de una familia en Texas, desde la infancia del protagonista hasta su vida adulta, mientras que, a través de flashbacks y secuencias abstractas, explora el origen del universo y nuestra conexión con el medioambiente y el cosmos. De hecho, uno de los personajes afirma una frase cuya idea es central en el Derecho Internacional del Medioambiente:" El planeta tierra es nuestro hogar común y tenemos la responsabilidad de cuidarlo y protegerlo para las generaciones futuras". Hogar común es, pues, la Tierra, cuya metáfora predominante es la Casa Común o Casa de la Tierra, a la que incluso hace alusión Luigi Ferrajoli en su obra *Por una constitución de la tierra* (2022), al proponer un marco de protección de la misma, con base en la cooperación internacional efectiva para proteger el medioambiente y los derechos humanos. Pero este marco jurídico necesita complementarse con uno ético, que asiente bien las bases para esa supuesta armonía mencionada.

La ética ambiental, nacida a principios de los años setenta, se centra en la protección de la biosfera. A ella debemos adherirle la ética de los cuidados del medioambiente. Se fundamenta en el respeto hacia los seres vivos y los recursos naturales, y en la responsabilidad que tenemos como seres humanos de cuidar el planeta para las generaciones futuras. Esta ética se opone al antropocentrismo, que considera al ser humano como el centro del universo y al medioambiente como un recurso a explotar. En este sentido se ha pronunciado la filósofa Donna Haraway en sus diversos trabajos, destacando para el presente ensayo su libro *Seguir con el problema. Generar parentesco en el Chthuluceno* (2019), en el que continúa configurando una *ética del parentesco,* que reconoce la interconexión y la interdependencia entre los seres vivos y los sistemas naturales. Esta ética nos llama a pensar más allá de nuestras fronteras humanas y a reconocer que nuestras acciones tienen consecuencias para todo el mundo viviente. También Leonardo Boff elabora una *Ética planetaria desde el Gran Sur* (2001). Plantea una ética planetaria que tenga en cuenta la interdependencia de todos los seres vivos y que reconozca la importancia de la biodiversidad para la supervivencia de la vida en el planeta. Esta ética debe ser inclusiva y tener en cuenta a las personas y comunidades más vulnerables, especialmente aquellas que viven en el sur global. O Corine Pelluchon, en su *Reparemos el mundo. Humanos, animales, Naturaleza* (Ned, 2022). En este sentido se pronuncia también el Relator Especial sobre los derechos humanos y medioambiente en 2020, con las siguientes palabras:

> *"En lugar de tratar a la Tierra, este hogar único e irremplazable que sostiene la vida, con cuidado, respeto y reverencia, los seres humanos están infligiendo daños catastróficos a los ecosistemas y*

> *la biodiversidad, y socavando la extraordinaria contribución de la Naturaleza al bienestar y la prosperidad humanos".*

Estos autores escriben sus reflexiones sobre la base de los daños infringidos a la tierra por el ser humano en la era del Antropoceno; pero creo, sinceramente, que sus trabajos sobre una nueva ética no rebasan el principio antropocéntrico absoluto, o si lo hacen es de forma mínima. Pienso que se debe plantear algo más allá de la interrelación, con el objetivo de sustituir la concepción atomista del individuo, central en la teoría política tradicional, por una relacional y de subjetividad de derechos al ecosistema. Como quiera que fuere, la protección del medioambiente es esencial para garantizar la realización de los derechos humanos, como el derecho a la vida, el derecho a la salud, el derecho a la alimentación y el derecho a un nivel de vida adecuado. Además, la realización de los derechos humanos puede ser clave para la protección y conservación ambiental. De hecho, el Derecho Internacional del Medioambiente tiene también por objetivo la protección de los derechos humanos, como así se constata en el Preámbulo y Principio 1 de la Declaración de Estocolmo (1972); en el Preámbulo y Principios 6 y 23 de la Carta Mundial de la Naturaleza (1982); el Convenio sobre la Diversidad Biológica (1992), confirma que la diversidad biológica es un patrimonio común de la humanidad y establece que la conservación de la biodiversidad debe llevarse a cabo en consonancia con los derechos humanos; el Convenio de Aarhus sobre el acceso a la información, la participación del público en la toma de decisiones y el acceso a la justicia en asuntos ambientales (1998), establece que el acceso a la información y la participación del público son esenciales para la protección del medioambiente y, por ende, para la protección de los derechos humanos, se trata de derechos procedimentales autónomos en materia ambiental; el Acuerdo de París sobre el cambio climático (2015), reconoce que el cambio climático es una amenaza para los derechos humanos y establece objetivos para reducir las emisiones de gases de efecto invernadero y adaptarse al cambio climático. O los ODS (2015), establecen 169 metas y 17 objetivos para lograr un desarrollo sostenible que respete los derechos humanos y proteja el medioambiente para las generaciones presentes y futuras

Si la mirada se afina en los instrumentos internacionales mencionados, así como también los aludidos en el capítulo anterior, los derechos humanos a la vida y a la salud constituyen el fundamento y núcleo denominador de la *ratio legis* y la relación armoniosa entre el Derecho Internacional de los Derechos Humanos y el Derecho Internacional del Medioambiente. Pero esta relación, como hemos comentado, se ha roto en el Mar Menor por su destrucción, y con ello incumpliendo varios objetivos para el desarrollo en materia de relación ambiental y derechos humanos, a saber:

- ODS 6: Agua limpia y saneamiento: La degradación del Mar Menor ha afectado negativamente la calidad del agua, lo que ha tenido un impacto directo en el acceso al agua potable, el saneamiento y la salud de las personas que viven en la zona.
- ODS 11: Ciudades y comunidades sostenibles: La degradación del Mar Menor también afecta a las comunidades que dependen de él y a las actividades económicas que se desarrollan en la zona.
- ODS 14: Vida submarina: La degradación del Mar Menor ha tenido un impacto negativo en la biodiversidad marina y ha

afectado a las comunidades que dependen de los recursos pesqueros de la zona.

- ODS 15: Vida de ecosistemas terrestres: La degradación del Mar Menor también tiene implicaciones en los ecosistemas terrestres que lo rodean.

Estos ODS aspiran a cambiar o repensar el modo en que se interactúa con el medioambiente. La Agenda 2030 pretende, en consonancia con la acción política de las Naciones Unidas, *cuidar a la Naturaleza es cuidar a las personas*. Eslogan auspiciado por el secretario general de la ONU. El programa *Armonía con la Naturaleza* se basa en el reconocimiento de que la sostenibilidad ambiental y el respeto por los derechos humanos son fundamentales para el bienestar humano y el futuro del planeta. Como tal, el programa trabaja para fomentar la cooperación y el diálogo entre todas las partes interesadas, incluyendo los gobiernos, las empresas, las organizaciones de la sociedad civil y las comunidades locales, para lograr un futuro más sostenible y armonioso con la Naturaleza. De hecho, la Asamblea General de la ONU adoptó la Resolución 70/208 en 2015, donde se reconoció la jurisprudencia de la Tierra como prius central en la construcción del paradigma de la Armonía con la Naturaleza, interactuando con los ODS.

En los sistemas regionales de derechos humanos también se ha producido, vía pretoriana, una ecologización de los textos normativos –consiguientemente la dimensión ambiental de los derechos humanos–, teniendo en cuenta las peculiaridades de cada sistema, ya que la jurisprudencia del Tribunal Europeo de Derechos Humanos (TEDH) ha favorecido tradicionalmente más a los derechos individuales y no a los colectivos; en cambio, la jurisprudencia de la

Corte Interamericana de Derechos Humanos (Corte) y la Corte Africana de Derechos Humanos y de los Pueblos (Corte africana), por su propia cultura jurídica, se ha pronunciado tanto respecto de los derechos individuales como los derechos colectivos, inclinándose por la protección ambiental a través de los últimos derechos.

En el caso del TEDH, de conformidad con el derecho a la vida y el derecho a la vida privada y familiar e inviolabilidad del domicilio se ha ampliado el marco de protección de forma proporcional en casos de contaminación ambiental de diversa Naturaleza. Un ejemplo clásico es el caso López Ostra v. España (1994), una mujer denunció la falta de protección del gobierno de España ante la contaminación causada por una planta de tratamiento de residuos cercana a su casa. El tribunal estableció que la contaminación ambiental puede afectar el derecho a la vida privada y familiar, de conformidad con el art. 8 del Convenio Europeo de Derechos Humanos y Libertades Fundamentales. Asimismo, en el caso López-Sánchez y otros contra España (2014), los demandantes alegaron que el gobierno español no había tomado medidas adecuadas para proteger a los ciudadanos de los efectos negativos de la construcción de una autopista, que afectaba su derecho a la vida privada y familiar y a un medioambiente sano. El tribunal dio la razón a los demandantes.

La jurisprudencia de la Corte ha dado una amplia cobertura a la dimensión ambiental de los derechos humanos, con mayor ahínco en el caso de las poblaciones indígenas. En el caso Yanacocha vs. Perú (2004), se abordó la relación entre la explotación de recursos naturales y los derechos humanos. Los demandantes alegaron que el gobierno peruano no había consultado adecuadamente a las comunidades locales antes de otorgar permisos para la explotación de oro en la región de Cajamarca. La Corte determinó que el gobierno peruano había violado el derecho de las comunidades locales a la propiedad, a un medioambiente sano y a la participación en la toma de decisiones. Incluso el tribunal ha tenido la oportunidad de pronunciarse del vínculo armonioso entre los derechos humanos y el medioambiente en su opinión consultiva OC-23/17, de 15 de noviembre de 2017. Con las siguientes palabras se ha pronunciado sobre la cuestión.

> *"Este Tribunal reconoció la existencia de una relación innegable entre la protección del medioambiente y la realización de otros derechos humanos, en tanto la degradación ambiental afecta el goce efectivo de los derechos humanos. Asimismo, destacó la relación de interdependencia e indivisibilidad que existe entre los derechos humanos, el medioambiente y el desarrollo sostenible, pues el pleno disfrute de todos los derechos humanos depende de un medio propicio".*

Por lo que respecta a la Corte africana y también la Comisión africana, algunos de los casos más destacados de la dimensión ambiental de los derechos humanos son los siguientes. Caso *SERAC v Nigeria* (2001), es el primer caso en el que se profundizó en el contenido del artículo 24 de la Carta Africana. Se alegó que el gobierno nigeriano había participado directamente "en la contaminación del aire, el agua y el suelo, perjudicando así la salud de la población ogoni", que no había "protegido a la población ogoni de los daños causados por el Consorcio Shell de la NNPC [Compañía Nacional de Petróleo de Nigeria], sino que había utilizado sus fuerzas de seguridad para facilitar los daños" y que no había "proporcionado ni permitido la realización de estudios para determinar si los daños causados por el Consorcio Shell habían sido graves". sus fuerzas de seguridad para facilitar los daños", y no había "facilitado ni permitido estudios sobre los riesgos potenciales o reales para el medioambiente y la salud causados por la explotación petrolífera". riesgos para el medioambiente y la salud causados por las operaciones petrolíferas". Se observó, finalmente, que se debe proteger el derecho a un ambiente sano y adecuado. En el caso *Endorois Welfare Council v Kenia* (2009), se abordó el derecho de los pueblos a disponer libremente de sus recursos naturales y el derecho al desarrollo, ambos intrínsecamente ligados al derecho a un medioambiente sano.

La consecuencia del vínculo antedicho es el reconocimiento de un derecho humano a un medioambiente sano, de este modo se dimensiona ambientalmente la doctrina de los derechos humanos. De hecho, se puede observar que los casos anteriores, entre otros, mencionados *supra,* se da interconexión de los derechos económicos, sociales y culturales (segunda generación de derechos humanos) con los derechos civiles y políticos (primera generación), involucrando, consiguientemente, los derechos medioambientales.

El derecho a un medioambiente sano está protegido legalmente por más del 80 % de Estados de las Naciones Unidas mediante instrumentos constitutivos, legislación, decisiones judiciales y tratados regionales, así como también fue reconocido por la Asamblea General de las Naciones Unidas el 28 de julio de 2022. Una conquista importante para visibilizar, desde la asamblea más universal, la dimensión planetaria de la protección del vínculo armonioso, relacionándose, así, con la responsabilidad social y el compromiso por el bienestar de la sociedad en general.

El derecho a un medioambiente sano se refiere al derecho de todas las personas a vivir en un entorno saludable, limpio y sostenible, donde se garantice el acceso al agua potable, el aire limpio, la biodiversidad y la protección contra la contaminación y la degradación ambiental. Y se describe a la protección del medioambiente como un valor en sí mismo, también como una condición para el disfrute efectivo de otros derechos humanos, como el derecho a la vida, la salud, la alimentación, el agua, la vivienda y el trabajo digno. Ítem más: el derecho a un medioambiente sano se podría considerar una extensión natural del derecho a la vida, ya que protege la vida humana en términos de su existencia física y salud y en términos de condiciones dignas y calidad de vida. Además, este derecho se encuadra en la categoría de derechos humanos de solidaridad y representa el desarrollo de valores ético-jurídicos de contenido ecológico que se consolidan en principios jurídico-políticos internacionales y constitucionales.

Así pues, el goce del derecho humano a un medioambiente sano constituye una condición previa para el disfrute de los demás. Por lo tanto, los Estados tienen la obligación de proteger y preservar el medioambiente para garantizar el disfrute efectivo de los derechos humanos. Esto incluye la obligación de prevenir la contaminación y la degradación ambiental, y de tomar medidas para garantizar que los individuos y comunidades puedan participar en la toma de decisiones que afecten su medioambiente.

La pregunta, según el párrafo anterior, es ineludible. ¿Se ha podido vulnerar el derecho a un medioambiente sano de los ciudadanos que viven en los municipios que rodea el Mar Menor? Sí. Durante años, se han producido una serie de impactos negativos en el ecosistema de la laguna que han afectado a la calidad del agua, la biodiversidad, la pesca y las actividades turísticas y recreativas. Entre los impactos negativos destacan el vertido de residuos, la contaminación por nitratos procedentes de la agricultura intensiva, la erosión del suelo y la sobreexplotación del acuífero subterráneo que alimenta el Mar Menor. Estos factores han contribuido a la aparición de la "sopa verde", una proliferación masiva de microalgas que ha provocado la muerte de miles de peces asfixiados que atiborraron las playas en agosto de 2021, y otros organismos acuáticos, y ha dejado el agua del Mar Menor en mal estado.

Esta vulneración se comprueba en Sofía Volverá, pues los pescadores ya no pueden faenar. El padre de Sofía decide migrar a Canadá, ante la imposibilidad de ejercer su derecho al trabajo, pues la degradación del ecosistema ha afectado a la disponibilidad de empleo y a las condiciones laborales de las personas que trabajan en estos sectores. También afecta a los derechos de la infancia, como es el derecho a actividades recreativas: ya no pueden seguir disfrutando del Mar Menor como una extensión de su casa; el derecho a la salud: la degradación de la laguna costera ha llevado a la proliferación de microalgas y la aparición de malos olores, lo que puede afectar la salud de la infancia que viven o visitan la zona. El derecho a la educación, ya que la mala calidad del agua y las playas puede limitar las oportunidades de juego y recreación de los infantes, y puede hacer que las escuelas y los centros de veraneo tengan que cerrar, como ocurrió y así se muestra en nuestro filme en Los Alcázares, a través de las voces de Sofía y sus compañeros de clase, que relatan los daños sufridos por las DANAS, y como el alumnado desaparece, no puede asistir a clase, se los traga la tierra, y las aulas quedan vacías, convirtiéndose ese espacio de conocimiento y bullicio juvenil en un espacio adormecido e improductivo.

El derecho al desarrollo, pues la desagradable situación ambiental limita las oportunidades de los niños y de las niñas para disfrutar de actividades al aire libre, explorar y aprender sobre el medioambiente y relacionarse con la Naturaleza. Y, finalmente, el derecho a la participación de los niños en las decisiones que afectan sus vidas y a expresar sus opiniones. Hasta ahora no se ha preguntado a los infantes cómo afrontarían la crisis ecológica del Mar Menor, lo que supone tener una visión de objeto de la infancia. ¿Acaso no tienen voz los menos de edad? Responderé a esta cuestión más adelante.

Pero no solamente los derechos humanos anteriores han sido vulnerados, sino que ciudadanos han abandonado su hogar ante la posibilidad de llevar una vida digna por la degradación ambiental del Mar Menor. Sofía y su padre marchan por eso. Esta migración por motivos ambientales (conocida como refugiados climáticos) se debe a que su lugar donde vivían ya no es seguro o habitable, e imposible ejercitar sus derechos humanos de forma segura. Las personas que emigran por esta razón, pero también otras, a menudo se enfrentan a desafíos significativos, como la falta de vivienda y alimentos, la pérdida de bienes y activos, la interrupción de sus comunidades y redes sociales y la discriminación en los lugares a los que se trasladan. Ellos marchan a Canadá. Sofía deja atrás su infancia, sus amigos, su colegio y su Mar. Su padre también. Se aleja de su mujer, fallecida, a la que visita diariamente en el cementerio. El desgarro por el abandono del hogar solo se aminora con la memoria, que sobrevive la distancia, pero no al tiempo en ciertas ocasiones. Migrar es una experiencia que crea una sensación de desarraigo y alienación. Sofía lo pone de manifiesto, pues su padre "nunca se llegó a ir del todo" y "no se llegó a acostumbrar a la vida en Canadá"; un impasse en la vida de una persona, a la que se debe añadir el sentido de la pérdida de identidad y sentido de pertenencia, como es el caso presente.

Esa expulsión por cuestiones ambientales no está regulada en el Derecho Internacional. Aunque el Pacto Mundial para la Migración Segura, Ordenada y Regular (2018), viene a decir que el clima, la degradación ambiental y los desastres naturales sí podrían provocar los desplazamientos. Con todo, ya ha habido pronunciamientos al respecto. Es el caso de Teitiota, del Comité de los Derechos Humanos (2019).

Un ciudadano de Kiribati, un pequeño estado insular del Pacífico, se convirtió en un caso emblemático en la lucha por el reconocimiento del cambio climático como una causa de migración forzada. Teitiota argumentó que debía ser reconocido como refugiado climático y obtener asilo en Nueva Zelanda, ya que la subida del nivel del mar y la erosión costera en su país de origen le impedían vivir de manera segura y sostenible en Kiribati. El Comité puso de manifiesto que una persona no debe ser retornada a su país de origen si con ello está en riesgo el ejercicio de algún derecho fundamental por cuestiones climáticas, pero que no podía concedérsele tal estatus porque no está previsto actualmente en el Derecho Internacional. Por consiguiente, y como da cuenta el filme, a través de la voz del profesor de Sofía cuando le dice que no se le podrá conceder el estatus de refugiada climática, los procesos migratorios por cuestiones climáticas presentan un desafío para el ordenamiento jurídico internacional. Máxime porque se incrementarán con el transcurso de los años.

Llegado a este punto, cabe formularse la siguiente cuestión: ¿Existe realmente la armonía entre el medioambiente y los derechos humanos o más bien se trata de una construcción artificial como la vida de Truman en el Show de Truman? Los derechos humanos y la protección del medioambiente a menudo están en conflicto, especialmente en los casos en que la explotación de recursos naturales y el desarrollo económico pueden llevar a la degradación ambiental y a la violación de los derechos humanos de las comunidades locales. El ecocidio del Mar Menor es un ejemplo de ello, lo que hace afirmar que la perspectiva dominante en la que los seres humanos se ven como el centro del mundo y el medioambiente como un recurso para ser explotado es incompatible con una verdadera armonía entre el medioambiente y los derechos humanos. El papel, al fin y al cabo, lo sostiene todo; la práctica, no.

¡Muerdo el mar Menor, y me trago su sangre!

En la película *¿Vencedores o Vencidos? (Los juicios de Núremberg)*, de Stanley Kramer (1961), recordemos que el film está basado en los juicios de Núremberg de 1947, donde se juzgó a varios líderes nazis por crímenes de guerra y contra la humanidad durante la Segunda Guerra Mundial. No por genocidio, porque era una noción novedosa a nivel jurídico, y no todo el mundo estaba de acuerdo con su significación. La trama de la película se centra en el juicio de cuatro jueces alemanes que, durante la guerra, condenaron a muerte a personas simplemente por ser judías, discapacitadas o consideradas enemigas del estado. El juicio es llevado a cabo por un tribunal militar internacional, liderado por el juez Dan Haywood, interpretado brillantemente por Spencer Tracy. Si nos damos cuenta, los protagonistas son los jueces y los criminales, ¿dónde están las víctimas de los crímenes? Invisibilizadas, como así estuvieron normativamente en los posteriores tribunales internacionales penales, pues fueron consideradas como testigos, hasta que las tornas cambiaron con la Corte Penal Internacional, que sí las reconoce como víctimas en el proceso, y con su derecho a la justicia, verdad y reparación.

Al igual que las víctimas, hoy por hoy, el medioambiente es invisibilizado como sujeto de derecho en la norma, y también en el cine. Por ello, es importante el docuficción *Sofía Volverá* porque el Mar Menor es el actor protagonista junto con Sofía. Es el protagonista del conflicto entre su protección y el capitalismo agresivo. Realmente es un conflicto que no debería darse, porque debe prevalecer lo primero sobre lo segundo, pero los peores instintos humanos de explotar el medioambiente, con base en una mirada instrumental sobre él, son difíciles de cambiar. No se trata de un conflicto armado, pero imaginemos que se ha dado en este marco.

El Derecho Internacional Humanitario nació con un carácter marcadamente antropocéntrico. Paulatinamente ha ido adecuándose a la normativa cuyo objetivo era el medioambiente, hasta llegar a su máxima expresión con la *Convención sobre la prohibición de utilizar técnicas de modificación ambiental con fines militares u otros fines hostiles* de 1976. Se trató, por primera vez, la restricción del uso del medioambiente como instrumento de guerra. Sin embargo, la mirada normativa respecto del medioambiente es de objeto, no de sujeto de derecho.

Los *Protocolos Adicionales I y II* (1977) a los Convenios de Ginebra de 12 de agosto de 1949 relativos a la protección de las víctimas de los conflictos armados con o sin carácter internacional, consagran el principio de distinción entre los miembros de las partes en conflicto y la población civil. Se trata de una norma de carácter consuetudinario, según ha afirmado la Corte Internacional de Justicia, en el caso *Nuclear Weapons Advisory Opinion* (1996). Según los Protocolos, la población civil no puede ser objetivo de las partes en conflicto, siempre que no participe directamente en las hostilidades. Ni las Convenciones de Ginebra ni los Protocolos definen qué es población civil. Por consiguiente, debemos de partir del sentido negativo, lo que significa que no son miembros de las fuerzas armadas de las partes en conflicto; no son miembros de grupos armados irregulares que actúan en favor de las mismas; y no participan en *una Levée en Masse.* Señala el Comité Internacional de la Cruz Roja.

Por lo tanto, nos encontramos que solo son víctimas a efectos del Derecho Internacional Humanitario las personas físicas. De hecho, estas, desde el punto de vista procesal, no se consideraron como tal, sino testigos tanto en los juicios de Núremberg como en la normativa de los Tribunales *ad hoc* creados por el Consejo de Seguridad de las Naciones Unidas, en virtud del capítulo VII de la Carta de las Naciones Unidas. Sin embargo, fueron reconocidas como víctimas en el proceso penal en las Reglas de Procedimiento y Prueba de la Corte Penal Internacional, cuya regla 85 considera víctimas de crímenes internacionales tanto a las personas físicas como a las personas jurídicas. Se cambió tanto la condición procesal como se amplió la noción de víctima. Pero, con todo, se trata de una visión antropocéntrica, ¿qué ocurre con el medioambiente, víctima silenciosa y silenciada?

Efectivamente, el medioambiente es una víctima invisibilizada en la guerra. Los conflictos armados pueden tener un impacto devastador en el medioambiente y los recursos naturales, y a su vez, los problemas ambientales pueden contribuir a la aparición de conflictos armados. Durante las guerras, se producen daños ambientales significativos debido a la contaminación del aire, agua y suelo, la deforestación, la contaminación de ríos y acuíferos, la eliminación inadecuada de residuos tóxicos y la degradación de la biodiversidad. Los conflictos armados también pueden provocar el desplazamiento forzado de comunidades enteras, lo que puede tener un impacto negativo en el medioambiente local.

La guerra de agresión rusa contra Ucrania verifica lo comentado. Este conflicto armado conduce a la degradación de la biodiversidad, especialmente en las áreas afectadas por los combates. La deforestación ha sido un problema importante ya que los bosques han sido talados para obtener madera y como medida de seguridad contra ataques sorpresa. Esto ha resultado en la pérdida del hábitat natural y una reducción de la biodiversidad en el área. La contaminación del aire se ha producido debido a los bombardeos y el uso de municiones para provocar incendios en las zonas urbanas, liberando sustancias tóxicas en el aire. La contaminación del agua es causada por daños a la infraestructura del agua y la liberación de sustancias tóxicas en ríos y acuíferos. Los desechos tóxicos también se vierten en la tierra y en el mar, causando graves problemas de salud y degradación ambiental.

Nos hallamos, en este caso, ante una víctima invisibilizada. Por lo tanto, la Corte Penal Internacional, en tanto en cuanto es baluarte internacional en la rendición de cuentas por crímenes internacionales como genocidio, crímenes de guerra, crimen de lesa humanidad y crimen de agresión, que conoce además de la situación de Ucrania, debe comprender la epistemología de las ausencias y la sociología de la emergencia, como es, para el caso, la subjetividad del medioambiente, y no reducirlo a un objeto que es protegido por medio de crimen de guerra, el art. 8 del Estatuto de Roma (tratado fundacional de la Corte Penal Internacional). En este sentido, la perspectiva del tribunal de La Haya no sería antropocéntrica, como es actualmente, sino ecocéntrica. El paradigma ambiental debe permear todas las áreas del Derecho Internacional como otrora hiciera la humanización de este Derecho merced a la fuerza moral y normativa del Derecho Internacional de los Derechos Humanos. No en balde, cabe recordar, que hace 100 años el ser humano era como una mesa de Ikea para el ordenamiento jurídico internacional, cuya protección se daba en su caso en el Derecho Consular, y era más una obligación estatal que un derecho del individuo.

El medioambiente es un elemento esencial para la supervivencia de la humanidad y de todas las especies en el planeta. Sin embargo, la falta de protección efectiva y la falta de responsabilidad por la degradación ambiental pueden ser vistas como una muestra de la ineficacia del sistema de justicia internacional penal en su lucha contra la destrucción ambiental, particularmente en los conflictos armados. Se presenta un sistema judicial absurdo y opresivo para con la Naturaleza, recordando a Josef K. en *El Proceso*, Kafka, pues se enfrenta a un sistema judicial incomprensible y absurdo en el que nunca se le permite ver su acusación ni enfrentar a sus acusadores. A medida que lucha por su inocencia, se encuentra cada vez más atrapado en la red de la burocracia y la corrupción, y finalmente muere ejecutado.

Delicada transmutación de este paisaje

Los derechos humanos no fueron, ni pueden ser, una herramienta única para hacer frente a la devastación ambiental provocada por los seres humanos. Se necesitan nuevos paradigmas, ideas diferentes, otro modelo jurídico y otro modelo de justicia, que se complementen durante la transición ecológica que se está llevando a cabo. En otras palabras, al igual que se propone una nueva ética para el Planeta, se debe exigir también un nuevo modelo de justicia que abarque el ecosistema en su conjunto, es decir, seres humanos y medioambiente, para que sobreviven y se reconozcan conjuntamente. Como lo hace Sofía, Diego y el Mar Menor.

El siglo XX fue el de la justicia social, que busca abordar las desigualdades estructurales y las barreras que impiden que algunas personas tengan acceso a los recursos y oportunidades que necesitan para una vida plena y satisfactoria, para una vida digna. En cambio, la centuria actual debe ser la de la justicia ambiental y la justicia ecológica. La primera protege el medioambiente por medio de la protección del ser humano. Promover más justicia hacia el medioambiente y centrada en este significa renovar el proyecto de la Ilustración a la luz de la perspectiva ecocéntrica y de nuestra responsabilidad hacia otros seres vivos con los que vivimos en el Planeta. En términos de la Corte Constitucional de Colombia (sentencia T- 704, 12/13/16) se trata de una justicia que

> *"designa el tratamiento justo y la participación significativa de todas las personas, independientemente de su raza, color o ingreso económico con respecto al desarrollo, leyes, reglamentos y políticas ambientales".*

Nos hallamos, por consiguiente, en un modelo de justicia antropocéntrico. Pues se centra en el tratamiento justo y en la participación de la sociedad a fin de proteger el medioambiente con base en el interés del ser humano y sus derechos, esto es, se protegen los derechos medioambientales, que forman parte de los derechos sociales, por su interconexión con los derechos civiles y políticos; mientras que la segunda modalidad de justicia protege el ecosistema por sí mismo, centrada en la Naturaleza como sujeto de derecho. Es un modelo de justicia ecocéntrico. Esta justicia significa, en palabras de Teresa Vicente lo siguiente:

> *"Una síntesis superadora del antropocentrismo hacia ecocentrismo, que reconoce la realidad ontológica y existencial del sujeto huma-*

no como centro que integra la expresión de la especie humana en la integridad absoluta de sus naturales implicaciones ecosistémicas, sin menoscabo de su traducción virtual o parcial en los derechos humanos y fundamentales en cuanto tales" (TERESA VICENTE, 2016, p. 19).

Este último tipo de justicia protege los derechos de la Naturaleza, pero también los derechos humanos, como el derecho a un medioambiente sano, el derecho al agua potable o los derechos de acceso a la información y participación en cuestiones ambientales de conformidad con el Convenio de Aarhus (2001), en el marco de la UE, y según el Acuerdo de Escazú (2018) para América Latina y el Caribe.

La aplicación efectiva de las normas ambientales, además del logro real de los objetivos de la política ambiental, se manifiesta en la actuación de los tribunales, en gran medida por el recurso público a la justicia para lograr el cumplimiento de las normas y reparar el daño ambiental. La acción judicial para proteger el medioambiente es una alternativa a la implementación de políticas públicas tendientes a reducir la contaminación de los ríos, la contaminación de las ciudades, la degradación de las cuencas hidrológicas, entre otras, un problema global cada vez más prevalente y complejo que involucra violaciones de los derechos humanos. Los tribunales de justicia españoles conocen con mucha frecuencia de acciones, denuncias y conflictos con un destacado componente medioambiental. Eso es gracias al derecho para acceder a la justicia en España: Es un derecho fundamental que se encuentra íntimamente relacionado con el derecho al debido proceso, reconocido en el art. 24 de la Constitución española. Y este derecho se ejercita de dos formas, pues debemos tener presente que en esta materia no cabe bienes pertenecientes a un patrimonio privado, de un lado relacionar algunas agresiones ambientales con derechos fundamentales de la persona; de otro, reconocer la legitimación colectiva a un grupo y colectivos para defender el interés público de un bien público.

En relación con el Mar Menor, fue el Ministerio Fiscal el que interpuso el pertinente recurso judicial contencioso administrativo contra la Comunidad Autónoma de la Región de Murcia por no exigir responsabilidades a las empresas y personas físicas por vertidos a la laguna murciana. La sala de lo contencioso administrativo del Tribunal Superior de Justicia de la Región de Murcia dictaminó que hecho notorio "el grave estado de deterioro que presenta el Mar Menor" y que a él se refiere el Preámbulo de la Ley 3/2020, de 27 de julio, de recuperación y protección del Mar Menor, en el que se destacan las competencias que a la Comunidad Autónoma corresponden en materia de protección medioambiental de la laguna, y por esto, se debe iniciar un procedimiento de exigencia de responsabilidad ambiental contra las personas físicas y jurídicas mencionadas en la sentencia.

Sin embargo, el modelo de justicia anterior es ambiental, no ecológico. Este último se pondrá en marcha una vez que los tribunales de justicia conozcan causa de conformidad con la Ley 19/2022, de 30 de septiembre, para el reconocimiento de personalidad jurídica a la laguna del Mar Menor y su cuenca, cuyo reglamento todavía está elaborándose.

La adquisición de personalidad jurídica al ecosistema murciano permite presentarse en procedimientos judiciales: administrativos, civiles o penales, y ante cualquier actividad que pueda afectar a su desarrollo y biodiversidad. Con la nueva ley, se reconoce, además, la facultad de representar a la laguna murciana en un procedimiento civil o contencioso-administrativo por cualquier actuación que afecte al bien jurídico protegido. Esto pone de relieve que para aspirar al modelo de justicia ecológica se debe ampliar la legitimación y también contar con órganos jurisdiccionales capacitados material y humanamente para resolver las contiendas judiciales con una cultura jurídica y judicial diferente a la antropocéntrica.

Este nuevo modelo de justicia que podría ser implementado en España merced a la ley citada, y también en la Corte Penal Internacional si se reconociera el ecocidio como quinto crimen internacional e incluso la Corte Internacional de Justicia en caso de adoptarse algún tratado ambiental que reconociera a la Naturaleza como sujeto de derecho, ha sido desarrollado por algún tribunal de justicia de América Latina, de conformidad con el principio jurídico sumak kawsay, como la Corte Constitucional de Colombia que reconoció al río Atrato (2017) como sujeto de derecho, y ordenó al Estado colombiano un plan para evitar la contaminación minera:

> *"Reconocer al río Atrato, su cuenca y afluentes como una entidad sujeta de derechos a la protección, conservación, mantenimiento y restauración a cargo del Estado y las comunidades étnicas".*

Tal reconocimiento derivó por la vulneración de derechos humanos de las poblaciones indígenas:

> *"Declarar la existencia de una grave vulneración de los derechos fundamentales a la vida, a la salud, al agua, a la seguridad alimentaria, al medioambiente sano, a la cultura y al territorio de las comunidades étnicas que habitan la cuenca del río Atrato y sus afluentes".*

En este sentido se ha pronunciado en diversas ocasiones la Corte Interamericana de Derechos Humanos, que protege el medioambiente por medio de los derechos humanos de las poblaciones indígenas, cuya cultura en relación con Gaia no es como la Occidental, esto es, de instrumentalización y cosificación del medioambiente. Los casos de poblaciones indígenas son apropiados porque la Corte reconoce los derechos de propiedad colectiva de la tierra y su vínculo espiritual con las comunidades indígenas por encima de cualquier atisbo de explotación industrial por el Estado en cuestión. En el caso Yakye Axa (2005), muestra muy bien la línea jurisprudencial:

> *"La cultura de los miembros de las comunidades indígenas corresponde a una forma de vida particular de ser, ver y actuar en el mundo, constituido a partir de su estrecha relación con sus territorios tradicionales y los recursos que allí se encuentran, no sólo por ser éstos su principal medio de subsistencia, sino además porque constituyen un elemento integrante de su cosmovisión, religiosidad y, por ende, de su identidad cultural".*

La Corte Constitucional de Ecuador ha ido más allá por hacer valor la protección del medioambiente, según el principio *de favorabilidad pro natura*, no por medio de los derechos medioambientales de ámbito antropocéntrico, sino de conformidad con los derechos de la Naturaleza, vinculándolos con el derecho a un medioambiente sano, el derecho al agua y la consulta ambiental. Reconociendo el ecosistema del bosque de Los Cedros en sujeto de derecho.

Mientras tanto se produce el cambio de paradigma en la justicia, así como también en el Derecho, en 2014 se creó el Tribunal Internacional de los Derechos de la Naturaleza, vinculado a la Alianza

Global por tales derechos. El tribunal tiene como objetivo, según lo establecido en su misión, crear un foro para que personas de todo el mundo hablen en nombre de la Naturaleza, protesten contra la destrucción de la Tierra, destrucción que a menudo es sancionada por gobiernos y corporaciones, y hagan recomendaciones sobre la protección y restauración de la Tierra. El tribunal también tiene un fuerte enfoque en permitir que los Pueblos Indígenas compartan sus preocupaciones y soluciones únicas sobre la tierra, el agua y la cultura con la comunidad global. En tanto escribo estas páginas (marzo 2023), el tribunal investigará la construcción del gigantesco Tren Maya, que atravesará cinco Estados de Méjico, destruyendo posiblemente el medioambiente.

La tutela ambiental en los sistemas nacionales y regionales de protección de los derechos humanos se lleva a cabo por la ecologización de los derechos humanos; sin embargo, se necesita una transición ecológica en el modelo de justicia para implementar de forma paulatina el de justicia ecológica. Este protege los derechos humanos, pero a través de los derechos de la Naturaleza, pues el sujeto principal de protección es la Naturaleza por su valor intrínseco. En este sentido, la jurisprudencia de la Tierra de los tribunales de América Latina es un ejemplo a seguir.

Se trata de interpretar el Derecho de otra manera, y de crear las circunstancias de justicia que permitan buscar el bien del ecosistema, adaptándose el nuevo modelo a la realidad cambiante y a los desafíos actuales. Ese cambio, que forma parte de la transición ecológica e incluso, consiguientemente, los intereses subjetivos del medioambiente, amplía la obra emancipadora de la Ilustración. Pero llevar a cabo ese cambio jurídico, judicial y también cultura se requiere mucha imaginación y creatividad: "De lo que se trata en el fondo es de llegar a la verdad por las vías de la imaginación", escribió Julio Cortázar en *Realidad y literatura en América Latina* (Alfaguara, 1994).

Ellos, siempre tres, son tus ángeles costeros

Los defensores de derechos humanos y medioambiente posiblemente han llevado a cabo una autotransformación, que constituye un proceso de individuación que conduce a un compromiso con la preservación del mundo común y con la asunción de responsabilidades concretas a nivel local, nacional e incluso internacional. En un contexto donde todo parece presagiar un colapso ambiental sin precedentes y un aumento de guerras incluso ligadas con los recursos naturales, solo los individuos que tengan conciencia de pertenecer a la Casa Común y deseen integrar un mundo habitable pueden tener la fuerza moral necesaria para cambiar sus modos de producción y consumo, y defender, incluso con la vida, lo común. Organizándose a nivel local, a través de acciones individuales y compromisos colectivos, se contribuye a arreglar el mundo, o al menos intentarlo desde el sentido comunitario.

"Los movimientos sociales, los pueblos, los colectivos y las personas, que son titulares de derechos, también son fuente del derecho", señala Ramiro Ávila Santamaría. Esto pone de relieve que los derechos se conquistan, no se dan gratuitamente. Y los derechos humanos y la protección del medioambiente son todos los días. Los movimientos sociales, en palabras de Javier de Lucas

> *"Vienen a complementar, revisar o incluso sustituir la función de los mecanismos institucionales de participación de los ciudadanos en*

> *la vida pública, desempeñada casi exclusivamente por los partidos políticos, complementados por los sindicatos. Y no sólo en el espacio social como público, un ámbito en el que la pluralidad de movimientos sociales que se erigen como verdaderos protagonistas ha sido muy estudiada, sino también en lo que tradicionalmente entendemos como espacio político en sentido estricto" (JAVIER DE LUCAS, 2014, p. 82).*

Este *capital social*, en términos de Robert. D. Putnam, impulsa los cambios culturales y normativos de la sociedad, como así se ha visto en España en los últimos años con el Movimiento SOS Mar Menor (reflejado en *Sofía Volverá*), el movimiento por el matrimonio igualitario, o el movimiento social a favor de los derechos de las personas trans, entre otros. Y debemos tener en cuenta, además, la importancia de estos movimientos desde una perspectiva histórica española porque hace poco más de 40 años estos avances ni se planteaban en el imaginario colectivo español.

Todos los Estados del mundo vierten por sus cloacas los derechos humanos y la protección ambiental, la diferencia radica en hacerlo de forma más o menos sibilina y depende del fuerte que sea el Estado frente a otros actores sociales y políticos. Es la consigna de hacer policía *con* y no *de*. Es ahí cuándo intervienen los defensores de derechos humanos y medioambiente, para denunciar tales vertidos ilegales. Estos defensores trabajan en diferentes campos, incluyendo la protección de los derechos de los pueblos indígenas, los derechos laborales, los derechos de los migrantes, los derechos de las mujeres, los derechos de los niños, la protección de ecosistemas, entre otros. Los defensores se enfrentan a muchos desafíos y peligros en su trabajo, incluyendo la violencia, la intimidación, la detención, la criminalización y la estigmatización. Michelle Bachelet, antigua Alta Comisionada de las Naciones Unidas para los Derechos Humanos, declaró lo siguiente durante una reunión sobre tales defensores:

> *"Todos los días, los defensores de derechos humanos medioambientales se enfrentan a insultos, amenazas y acoso por la labor que desempeñan luchando contra la triple crisis planetaria del cambio climático, la contaminación y la pérdida de biodiversidad".*

La protección de las personas defensoras de derechos humanos y medioambiente es fundamental para garantizar que puedan realizar su trabajo de manera segura y efectiva, pero en muchas ocasiones el Estado en cuestión no lo hace, ya sea porque criminaliza el derecho a la protesta con señalamiento, represión y eliminación, ya sea porque el Estado no es lo suficientemente fuerte para proteger a las personas defensoras. En el año 2022, en las Américas fueron asesinados 126 personas defensores de derechos humanos y medioambiente, señala la Comisión Interamericana de Derechos Humanos.

La labor de los defensores de derechos humanos está recogida y asegurada por diferentes tratados, los cuales forman la denominada del corpus normativo del Derecho Internacional de los Derechos Humanos. Esta protección es de forma directa e indirecta, como son la Declaración Universal de los Derechos Humanos (1948), el Pacto Internacional de Derechos Civiles y Políticos (1977), el Pacto Internacional de Derechos Económicos, Sociales y Culturales (1977), la Convención contra la Tortura y Otros Tratos o Penas Crueles, Inhumanos o Degradantes (1984), entre otros, en el marco internacional. Y en el ámbito regional encontramos el Acuerdo de Escazú (2015), primer tratado que contiene disposiciones específicas para la promoción y protección de las personas defensoras del medioambiente en América Latina.

En 1998, la Asamblea General de las Naciones Unidas aprobó la Declaración sobre los derechos y deberes de las personas, los grupos y las instituciones de promover y proteger los derechos humanos y las libertades fundamentales universalmente reconocidos. El documento se conoce como la Declaración sobre los Defensores de los Derechos Humanos. La Declaración afirma que toda persona tiene derecho a defender los derechos humanos y a participar en actividades pacíficas contra las violaciones de los derechos humanos. Además, la Declaración insta a los Estados a garantizar la protección de las y los defensores contra "violencia, amenaza, represalia, discriminación, negativa de hecho o de derecho, presión o cualquier otra acción arbitraria" que se puedan dar como resultado del ejercicio de la defensa de los derechos humanos (art. 12).

Desde la perspectiva judicial y teniendo en cuenta la particularidad de las Américas en este sentido, la Corte Interamericana de Derechos Humanos ha sido el único tribunal que no solo ha contribuido al reconocimiento y protección de las personas defensoras del medioambiente, sino que también ha aliviado su desamparo y sensación de inseguridad física y jurídica. Veamos el caso de *Kawas Fernández c. Honduras* (2009). Se refiere al asesinato del empresario hondureño Haroldo Kawas y su esposa Merly Ivonne Brizuela, así como a la posterior falta de investigación y protección por parte del Estado hondureño. El señor Kawas era un defensor de los derechos humanos y medioambiente en Honduras. En 1994, fue asesinado junto a su esposa en su casa por un grupo armado, presuntamente en represalia por sus actividades como defensor de derechos humanos y ambientales. Se determinó que el Estado hondureño había violado el derecho a la vida, la integridad personal, la libertad de pensamiento y expresión, y el acceso a la justicia de la familia Kawas. Además, el tribunal encontró que el Estado había fallado en proteger y garantizar los derechos humanos de los defensores del medioambiente en Honduras. Este caso es un ejemplo importante de la importancia de proteger y garantizar los derechos humanos de los defensores del medioambiente, así como de la responsabilidad del Estado de investigar y sancionar los actos de violencia y persecución contra ellos.

A la Corte Interamericana de Derechos Humanos se ha sumado, desde la perspectiva institucional, la Organización Mundial Contra la Tortura (2010), el Consejo de la UE (2004), el Alto Comisionado de las Naciones Unidas para los derechos humanos, y también los Estados parte de la Convenio de Aarhus, ya que se eligió el año pasado, por primera vez, a un Relator Especial sobre los defensores del medioambiente, Michel Forst (Francia) fue el nombrado.

Pero en la protección de las personas defensoras de derechos humanos y medioambiente no solamente deben cumplir su protección, o al menos su no vulneración los Estados, también otros actores promotores en ocasiones de la persecución y estigmatización de tales activistas, las empresas. Varios defensores fueron asesinados en América Latina cuando defendían ecosistemas, como fue el caso del líder asháninka Edwin Chota, asesinado en la selva peruana por denunciar la tala ilegal de árboles. Y había solicitado protección al gobierno de Perú por las represalias sufridas por los madereros. Asimismo, la activista hondureña Berta Cáceres fue asesinada en su casa en 2016 por enfrentarse a la construcción de una represa. En este último caso, el antiguo presidente de la empresa constructora, Roberto Castillo, fue declarado culpable por el asesinato. Estos trágicos sucesos confirman que los defensores son un problema para algunas empresas y también para algunos gobiernos porque es una voz no sometida. Por ello son etiquetas como enemigos del Estado o como terroristas.

En España no se ha llegado a ese nivel de oscuridad humana auspiciada por las actitudes más inhumanas y más mercantilistas, que anteponen el capital a la protección del ser humano y del medioambiente.

Por suerte, todavía hay muchas Erin Brockovich. Es una activista ambiental estadounidense que se hizo famosa por su papel en la lucha contra la empresa *Pacific Gas and Electric Company* (PG&E) en la década de 1990. Ella comenzó a investigar los casos de enfermedades raras en la ciudad de Hinkley, California, después de que ella misma se diera cuenta de que había una cantidad inusualmente alta de casos en la zona. Descubrió que PG&E había estado contaminando el agua subterránea de la zona con cromo hexavalente, un químico tóxico utilizado en la producción de energía. La empresa sabía de la contaminación, pero no informó a las autoridades ni a los residentes de la zona. Brockovich reunió pruebas y convenció a un equipo de abogados para que presentaran una demanda colectiva contra la empresa. Después de una larga batalla legal, PG&E acordó pagar 333 millones de dólares en indemnizaciones a los afectados. Su historia fue llevada al cine en el año 2000, con su mismo nombre, y dirigida por Steven Soderbergh y protagonizada por Julia Roberts en el papel de Brockovich. Por suerte, también hay muchos Atticus Finch, o al menos nos quedamos con el primer Atticus, siguiendo la obra del profesor de Lucas, *Nosotros, que quisimos tanto a Atticus Finch* (Tirant lo Blanch, 2020).

Por suerte, hay muchos niños, como Breiner David Cucuñame, asesinado en 2022, o la joven Greta Thunberg, que estuvieron y están dispuestos a alzar sus voces, a compartir su compromiso, y a reivindicar los derechos humanos y la protección del medioambiente, no solamente a través del activismo político, sino también por medio del ámbito institucional, como fue la demanda interpuesta la activista citada y 15 jóvenes más (2019) ante el Comité de los Derechos del Niño de las Naciones Unidas (2021) por la contaminación provocada por Argentina, Turquía, Alemania, Brasil y Francia, vulnerando los derechos reconocidos por la Convención Internacional de los Derechos del Niño (1989). La demanda fue desestimada por cuestiones procesales (no agotamiento de los recursos internos), pero se puso de manifiesto por los miembros del Comité que los daños ambientales causados por esos Estados son transfronterizos. Esto me ha recordado a una imagen que se repite en dos ocasiones en el filme Sofía Volverá. Sofía y su amigo se hallan en la orilla del mar, lanzando piedras al agua en silencio, en un choque irresoluble de lazos afectivos, y pensando quizá en su porvenir conforme la piedra se aleja de ellos. Un futuro que es de ellos, cuya voz es ineludible para salvaguardar el medioambiente, pero ya lo es en el presente, pues todo el filme muestra la relación del Mar Menor con la infancia libre e íntima.

En suma, el principio de solidaridad de los derechos humanos ha sido ampliado a la protección y tutela ambiental, ha permitido avances normativos, ha unido los derechos humanos y el medioambiente, ha propuesto nuevos modelos de justicia, y ha adoptado nuevas actitudes de los defensores de derechos humanos y medioambiente, con el objetivo de evitar una catástrofe global y con el objetivo de reforzar la idea de que todos los seres humanos y no humanos formamos parte del ecosistema.

La utopía del oprimido, una realidad abriéndose paso

Pactemos, mi mar

La *civitas máxima Gentium* elaborada por, entre otros, Francisco de Vitoria en el siglo XVI establecía que los seres humanos constituían una comunidad internacional. Ese derecho de gentes reveló unidad y universalidad en la especie humana, como bien puntualizó Francisco Suárez. El positivismo jurídico, en interpretación del jurista Cançado Trindade, dejó de lado la interpretación de los maestros de la Escuela de Salamanca, porque los Estados tomaron una posición en las relaciones internacionales exclusivamente entre ellos, reyes soberanos de todo lo que sucedía.

Sin embargo y teniendo en cuenta la violencia que el Derecho ejercía en los individuos por su discriminación y su subordinación excesiva al rey o príncipe de turno, de forma paulatina y con los nuevos ideales surgidos por la Ilustración y los imperativos categóricos de Kant como la dignidad humana, se formuló una nueva subjetividad e incluso una nueva noción de persona en los siglos XVII y XVIII. Ello conlleva la eclosión de un nuevo derecho y la configuración político-jurídica del Estado nación nacido con la Paz de

Westfalia. La persona se convierte en la innovación más radical de la realidad jurídica, pues se pone en el centro del ordenamiento jurídico nacional, merced, entre otros instrumentos jurídicos, a la Declaración de Derechos del Hombre (1789) como acto político y jurídico y la Declaración de los Derechos de las Mujeres y de la Ciudadana (1791), auspiciada por Olympe de Gouges.

Sin embargo, la violencia mencionada también existía en el Derecho Internacional, ya que la persona no fue reconocida como sujeto de derecho hasta la Carta de las Naciones Unidas (1945) y la Declaración Universal de los Derechos Humanos (1948). Esto supuso un cambio de paradigma jurídico en el ordenamiento jurídico internacional, ya que la protección del individuo por sí mismo con base en su dignidad se abría paso en un sistema exclusivamente interestatal. La persona, consiguientemente, se transforma de objeto a sujeto de derecho y la internacionalización y universalización de los derechos humanos se convierte de interés público global, configurándose un Sistema Internacional de Protección de los Derechos Humanos con el objetivo de proteger y desarrollar los derechos civiles y políticos (primera generación de derechos humanos), los derechos económicos, sociales y culturales (segunda generación de derechos humanos), y los derechos de solidaridad o de los pueblos (tercera generación de derechos humanos). Todos los derechos humanos son igualmente valiosos e interdependientes, y su realización plena es esencial para garantizar la dignidad y la libertad de todas las personas.

La universalización e internacionalización de los derechos humanos es como la construcción de un puente que une a todos los seres humanos del mundo, permitiéndoles cruzar de un lado a otro sin importar su origen, género, raza o cualquier otra característica.

Este puente está construido con los valores universales de la dignidad humana, la igualdad y la justicia, y es sostenido por los pilares de los instrumentos internacionales de derechos humanos y las instituciones que los protegen y promueven. Al cruzar este puente, todas las personas pueden acceder a los derechos y libertades fundamentales que les corresponden por el simple hecho de ser seres humanos, y así disfrutar de una vida plena y digna en comunidad con los demás. Los Estados son los principales pero no los únicos, valedores de la estabilidad del puente, y deben garantizar primordialmente su protección y su promoción.

Lo anterior pone de relieve que nos encontramos ante un hito en la historia humana, porque desde entonces ha habido una expansión e instalación del espíritu por la lucha de los derechos en la conciencia de las personas y en el hacer de las instituciones y organismos. La cultura de los derechos humanos tuvo tal fuerza de humanización en el Derecho Internacional que incluso impregnó en la lucha contra la impunidad surgida con los juicios de Núremberg. Se reconoció, por primera vez en el orbe jurídico internacional, la responsabilidad penal del individuo, lo que permitía su rendición de cuentas, la reparación, la justicia y la verdad para las víctimas de crímenes internacionales. Ello constata, que, en nombre de la conciencia jurídica universal, la Comunidad Internacional debe actuar en caso de violación masiva y sistemática de los derechos humanos. Porque, en palabras de Cançado Trindade:

> *"Las propias emergencia y consolidación del corpus juris del Derecho Internacional de los Derechos Humanos se deben a la reacción de la conciencia jurídica universal ante los recurrentes abusos cometidos contra los seres humanos, frecuentemente convalidados por la ley positiva: con ésto, el Derecho vino al encuentro del ser*

> *humano, destinatario último de sus normas de protección" (voto concurrente Opinión Consultiva núm. 16, párr. 4).*

Por ello mismo, debemos estar atentos, ya que, señala agudamente Antonio Remiro Brotóns:

> *"Las políticas de derechos humanos dan paso frecuentemente a quienes hacen política con los derechos humanos, es decir a quienes brincan de la política a la politización. La sensibilidad social hacia los derechos humanos y la cobertura de sus violaciones por los medios de comunicación son una tentación irresistible para la propaganda".*

Los derechos humanos no se entienden sin la justicia social. Unos y la otra se han convertido en uno de los valores internacionales del siglo XX y en lo que llevamos del siglo XXI. La vida humana es el nervio de la justicia social. Pero ya hemos visto que este marco jurídico cultural no es suficiente para hacer frente al colapso ambiental. Por ello, y así he intentado ponerlo de relieve en los capítulos anteriores, los juristas tendríamos que revisar nuestras guías para intentar cambiar el dogma jurídico con el objetivo de dar una respuesta diferente, ya que nuestra inoperancia se hace mayor si seguimos anclados al binomio ser humano-medioambiente. Los juristas andinos ya lo están haciendo, un ejemplo es Ramiro Ávila Santamaría, profesor de Derecho en la Universidad Andina Simón Bolivar y antiguo magistrado en Ecuador, en cuya obra fundamenta jurídica y socialmente la importancia de cambiar la dogmática jurídica imperante. Su libro *La utopía del oprimido* (Akal, 2019), de quién emulamos el título de este capítulo, analiza los derechos de la Naturaleza y el imperativo jurídico y moral andino del buen vivir. Nos hace imaginar que otra realidad jurídica es posible.

Otra realidad en la que el Derecho no suponga, como otrora lo fue para las personas en su conjunto, violencia, para el caso del medioambiente violencia antropocéntrica. Aquí, pues, se defiende la no violencia como tarea del derecho, para proteger y reconocer el ecosistema, sin la separación dual de la que se ha hablado. Por consiguiente, para esa no violencia, para proteger al oprimido con base en el oprimido, se ha de pensar que el modelo utópico está estrechamente relacionado con el derecho. El derecho es una herramienta eficaz para el cambio social ideal sólo en la utopía, uno de los modelos sociales ideales. El derecho será el instrumento que nos guíe desde el presente hasta la utopía. Este movimiento utópico dice que los humanos tenemos la capacidad de cambiar la sociedad a través de cambios legales y la creación de nuevas formas políticas para mejorar la vida humana, pero no solo ella, también el medioambiente, y con ello, el ecosistema en su conjunto.

El desarrollo de un modelo jurídico y de justicia centrado exclusivamente en el ser humano hacia un modelo en el que se reconozca a la Naturaleza como sujeto de derechos es perfectamente complementario porque ambos están interrelacionados y son indivisibles, y deberían formar parte de la tan cacareada transición ecológica. De hecho, podría tratarse del cuarto proceso de globalización del derecho y del pensamiento jurídico proveniente de la cultura andina, ya que los tres anteriores: la globalización europea (s. XV-XVIII), la estadounidense (s. XIX) y la neoliberal (1970- ¿?), han sido clasificadas y descritas por el profesor norteamericana Duncan Kennedy en su obra Tres *Globalizaciones del Derecho y del Pensamiento Jurídico, 1850-2000* (Universidad Externado de Colombia, 2015).

Con la tierra y la red, oficio unísono

La lucha por el derecho, de Ihering, y la lucha por los derechos, de H. Arendt manifiestan que los derechos se conquistan, como así demuestra la historia de los movimientos sociales por los derechos civiles y políticos y el movimiento feminista por los derechos de las mujeres durante la segunda mitad del siglo XX, y también el movimiento en defensa de los derechos de la Naturaleza en la primera mitad de la centuria actual. Son acciones que abren un tiempo nuevo de la emancipación de aquello que defienden y reivindican.

Todos son redes sociales y comunitarias que reivindican sus derechos y son titulares de derechos, e incluso son fuentes del derecho. Las reivindicaciones, cimentadas en las emociones, son el motor de una posible transformación de la realidad y de contextos. Algaradas que son llevadas a cabo por el joven profesor de Sofía, en defensa del Mar Menor.

Se trata de un *capital social*, expresión de Robert Putnam, de Naturaleza comunitaria; pero diluida, en parte, por el sistema neoliberal que eleva al individuo –al yo más individual– a la cúspide del Monte Sinaí, alejándolo consiguientemente de una estructura social comunitaria. Es lo que la psicoanalista Lola López Mondéjar ha denominado *Invulnerables e Invertebrados* (Anagrama, 2022), un ensayo valeroso y profundo que analiza cómo se enuncia el sujeto posmoderno en la época de la hiperconectividad, la desafección y el individualismo. Un sujeto que destruye lo común.

Una de las constantes del pueblo español a la largo de su historia política es su adormecimiento o pasividad por participar en la vida política, y por consiguiente no crear un fuerte movimiento social de transformación y participación. Así lo constata Paul Preston en su brillante libro *Un pueblo traicionado* (Debate, 2019) y también *la Revolución pasiva de Franco* (Harper Collins, 2022), de José Luis Villacañas. Esa invariable se hace doble en el caso de las gentes murcianas, dadas a la pasividad en cualquier cuestión de la *res publica*. Por eso, es loable, sorprendente y noble el movimiento en defensa por un Mar Menor vivo –también la Plataforma pro Soterramiento–, ejerciendo el derecho que tienen todos los ciudadanos a participar en los asuntos públicos, de conformidad con el art. 23 de la Constitución española y también la Convención de Aarhus, que reconoce el derecho de los ciudadanos a partir en la toma de decisiones relacionadas con el medioambiente y a acceder a la información y a la justicia en asuntos ambientales.

En efecto, el filósofo Ferhat Taylan, en su libro *La démocratie des communs* (Esprit, 2022) escribe que una democracia ecológica se basa en la idea de entornos comunes. Estos son recursos compartidos, como el aire, el agua y la tierra, que deben ser protegidos y administrados democráticamente. Esto significa que los ciudadanos deben tener un papel más activo en la toma de decisiones sobre el medioambiente y los recursos naturales, como es el caso del movimiento en defensa del Mar Menor, que a través de su queja, de sus manifestaciones, ha puesto de relieve que "los derechos no se activan, ni se mantienen, ni se desarrollan, sin el movimiento de queja, sin la institucionalización de la presentación, argumentación y respuesta a la queja: así, la repuesta a algunas de ellas consigue alcanzar la dimensión de ley", escribe Javier de Lucas en Infolibre, el 22 de marzo de 2023.

Cuando el movimiento ambientalista despegó en 1970, pocos podrían haber imaginado su futuro influyente. Se trató de una emergencia estratégica de lo común, frente a su ocupación por pocas manos. Hoy, la defensa del medioambiente es una parte más integral del debate político, una cuestión clave para el futuro de la sociedad. De aquel movimiento bebe la defensa del Mar Menor, que pone de relieve que no hay dos crisis separadas, una social y otra ecológica, sino una crisis única e indivisible en la que se entrelazan la degradación ecológica y la social. Y así se ve en *Sofía Volverá*, cuya crisis ambiental del Mar Menor conlleva una socioeconómica que hace migrar a Sofía y a su padre en búsqueda de trabajo, y al resto de pescadores no poder faenar por el mal estado del mar. Lo que convierte, además, al docuficción en parte del movimiento en defensa del Mar Menor por visibilizar la problemática a través de imágenes y dando voz a miembros del movimiento social.

Las personas que se congregan en el movimiento en defensa del Mar Menor se sienten parte y no dueñas del ecosistema, porque forma parte de su mitología vital y de la idiosincrasia de la Región de Murcia. Ese formar parte de la laguna, a través de emociones, es lo que permite responder a la condición de vulnerabilidad que padece nuestra laguna. Al igual que en la película *El jardín de las palabras* (2013), de Makoto Shinkai, los manifestantes del filme Sofía Volverá comparten sus sentimientos y hartazgos y esperanzas, creando así su propio mundo por defensar la utopía del Mar Menor a través de la utopía colectiva, que hace frente a la utopía negativa y conservadora por la degradación generalizada de la laguna murciana, orquestada por las oligarquías que se atiborran con la riqueza colectiva, quizá con la connivencia gubernamental. Así pues, como respuesta a ello se plantean realidades posibles, de emancipación y de transformación, con reivindicaciones de eliminación de los vertidos de residuos agrícolas y urbanos, la reducción de la explotación agrícola en la zona, la recuperación de la fauna y flora del Mar Menor, y la promoción de un turismo sostenible y respetuoso con el medioambiente: verde sí, cemento no. Por ello, una manifestante afirma en el docuficción el enojo con las autoridades gubernamentales:

> *"Estamos aquí esta tarde porque este verano el Mar Menor volvió a escupirnos a la cara el maltrato y la indiferencia al que se le ha sometido durante décadas".*

Palabras que también se usaron de manera similar en la protesta masiva que hubo por las calles de Murcia el 7 de octubre de 2021. Reunió a más de 70.000 personas y 180 organizaciones sociales, cuyo manifiesto final concluía de la siguiente forma:

> *"NO vamos a permitir que el Mar Menor se nos muera.*
>
> *NO vamos a desistir hasta que se apliquen las medidas necesarias, eficaces y en el origen de los problemas.*
>
> *NO pararemos hasta que se cumplan las Leyes y se aplique el principio de «quien contamina paga»".*

En los últimos 5 años, el movimiento en defensa del Mar Menor ha ido creciendo, llegando a todos los municipios de la Región y también allende la misma, realizando campañas de concienciación, acciones de limpieza y ha exigido medidas a las autoridades para la recuperación de la laguna. Se han creado comunidades físicas y también digitales, en las que reivindicaban soluciones ante la degradación sufrida por el Mar Menor, ante el daño que se expandía también a los vecinos de los municipios costeros, como se ha puesto de relieve en este ensayo y como visualiza el filme *Sofía Volverá*.

Este movimiento social y la problemática que denuncia recuerda al filme *Avatar*, James Cameron (2009). Los habitantes del planeta Pandora luchan contra una empresa minera que busca explotar los recursos naturales del planeta sin importar el daño ambiental y la destrucción del ecosistema y la cultura de los Na'vi, la especie indígena del planeta. La película muestra cómo un grupo de personas se unen para proteger y defender un entorno natural y su cultura de la amenaza de la explotación y la destrucción. De manera similar, el movimiento en defensa del Mar Menor lucha contra la explotación y la degradación de un ecosistema único y valioso. Como los habitantes de Pandora. el movimiento social murciano se une para proteger y defender la laguna murciana y sus cuencas de la amenaza de la contaminación y la explotación agrícola e industrial. En ambas situaciones se destaca la importancia de la solidaridad y la acción colectiva para proteger y defender el medioambiente, por encima de los intereses económicos.

La voz del movimiento social llegó a las instituciones, destacando el papel de la Casa Consistorial de Los Alcázares, cuyo equipo de gobierno, liderado por Mario Pérez Cervera, fue el promotor de la Iniciativa Legislativa Popular. Proposición que realizó la profesora de Filosofía del Derecho en la Universidad de Murcia, Teresa Vicente (experta en justicia ecológica y derechos de la Naturaleza), con quién contó el alcalde para buscar alguna solución jurídica ante la ineficacia de la protección normativa de entonces y también visibilizar en toda España y en otros lares lo que ocurría con el Mar Menor. Comenzó de este modo un fortalecimiento y visibilidad del movimiento social que fue recogiendo firmas por mar, tierra y aire, siendo sus principales impulsares y aglutinadoras de firmas las mujeres, que encabezaron en todo momento el movimiento.

El movimiento feminista ha conectado con el movimiento ecologista en un punto crucial: la ética y la política del cuidado, a la que ya se hacía alusión en este trabajo. Este es un doble deber porque los humanos que vivimos ahora hemos heredado nuestro hogar terrenal de generaciones anteriores a nosotros y debemos transmitirlo a las generaciones futuras, pero también porque debemos compartirlo con las demás especies biológicas que habitan el planeta y más allá, en las que nuestra supervivencia depende de nosotros, y cómo afrontemos el colapso ambiental.

Esta pulsión ecofeminista del movimiento social en defensa del Mar Menor ha contado con una importante presencia de mujeres y ha puesto en evidencia la necesidad de incorporar la perspectiva de género en la lucha por la justicia ambiental. Las mujeres han jugado un papel clave en la defensa del medioambiente y en la exigencia de medidas que protejan y restauren el Mar Menor. Además, tal movimiento ha buscado sensibilizar a la opinión pública sobre la necesidad de tomar medidas para proteger el medioambiente y promover prácticas más sostenibles, entendiendo que la degradación ambiental tiene un impacto directo en la calidad de vida de las personas, y especialmente en la de las mujeres. De esta manera, el movimiento social en defensa del Mar Menor en España es un ejemplo concreto de cómo las ideas ecofeministas se pueden aplicar en la defensa del medioambiente y en la lucha por la justicia ambiental, como bien representa en el filme Sofía Volverá las dos activistas que son entrevistas en el barco.

Este movimiento social es parte de otros movimientos ambientalistas, especialmente aquellos iniciados por los pueblos indígenas, para defender su tierra.

Los movimientos buscan proteger los derechos de las comunidades indígenas a sus tierras, recursos naturales y patrimonio cultural y, a menudo, entran en conflicto con empresas extractivas, gobiernos y otros actores que buscan explotar estos recursos. En el art. 25 de la Declaración de las Naciones Unidas sobre los Derechos de los Pueblos Indígenas (2007), se pone de relieve la tierra en la espiritualidad indígena:

> *"Los pueblos indígenas tienen derecho a mantener y fortalecer su propia relación espiritual con las tierras, territorios, aguas, mares costeros y otros recursos que tradicionalmente han poseído u ocupado y utilizado y a asumir las responsabilidades que a ese respecto les incumben para con las generaciones venideras".*

En muchos países, los pueblos indígenas no pueden obtener formalmente títulos de propiedad sobre sus tierras ancestrales, lo que los hace vulnerables a la expropiación y explotación. En otros casos, los gobiernos y las corporaciones han utilizado la fuerza y la intimidación para desalojar a las comunidades indígenas de sus tierras, a menudo sin consentimiento ni reparación adecuada. No obstante, recordemos que la Corte Interamericana de Derechos Humanos ha reconocido el derecho de las comunidades indígenas a su territorio ancestral y a la propiedad colectiva de la tierra, así como su derecho a participar en la toma de decisiones que afectan a su territorio, protegiendo de este modo su voz, como acertadamente indica el *Caso de la Comunidad Mayagna (Sumo) Awas Tigni vs. Nicaragua*, de 31 de agosto de 2001:

> *"Entre los indígenas existe una tradición comunitaria sobre una forma comunal de la propiedad colectiva de la tierra, en el sentido de que la pertenencia de ésta no se centra en un individuo sino en el*

grupo y su comunidad. Los indígenas por el hecho de su propia existencia tienen derecho a vivir libremente en sus propios territorios; la estrecha relación que los indígenas mantienen con la tierra debe de ser reconocida y comprendida como la base fundamental de sus culturas, su vida espiritual, su integridad y su supervivencia económica. Para las comunidades indígenas la relación con la tierra no es meramente una cuestión de posesión y producción sino un elemento material y espiritual del que deben gozar plenamente, inclusive para preservar su legado cultural y transmitirlo a las generaciones futuras".

Esta estrecha relación reconocida por la jurisprudencia latinoamericana y también en el marco del Derecho Internacional Público permite gestionar las tierras comunes fuera del mercado y a margen del Estado, con instrumentos jurídicos propios. Ese sentimiento y espiritualidad que se crea entre la población indígena y su tierra son los vividos por el movimiento social en defensa del Mar Menor. Ese vínculo material y espiritual entre las gentes y el ecosistema murciano es lo que impulsó férreamente la recogida masiva de firmas para la ILP, obteniendo finalmente 639.826 firmas, superando con creces las 500.000 necesarias.

La ILP, tras pasar por el Congreso y el Senado de España, se convirtió finalmente en la Ley 19/2022, de 30 de septiembre, para el reconocimiento de la personalidad jurídica a la laguna del Mar Menor y sus cuencas. Es un ejemplo de lo que Emile Durkheim expone en *Lecciones de sociología: física de las costumbres y del derecho,* que argumenta que las normas no son arbitrarias, sino que reflejan la realidad social y se derivan de ella.

Se trata de la primera ley en Europa en derechos de la Naturaleza. Fue tal el éxito del movimiento que incluso se conoce en las Naciones Unidas, pues en abril del año pasado la profesora Vicente, el profesor Eduardo Salazar y el alcalde de Los Alcázares fueron invitados a participar en el evento *Interactive Dialogue of the General Assembly on Harmony with Nature* que se celebra en la sede de la Organización para las Naciones Unidas en Nueva York, que forma parte del programa Armonía con la Naturaleza.

En suma, el movimiento social en defensa del Mar Menor, que forma parte del movimiento a favor de los derechos de la Naturaleza, ha resultado ser algo más que un movimiento social, pues ha supuesto una propuesta de vida, defendiendo un Mar vivo, la conservación de los recursos naturales, y su reconocimiento como sujeto de derecho. Se trata de una respuesta a la forma en que los humanos experimentan emocionalmente y justifican legalmente la propiedad de la Tierra. El terreno común del conflicto, basado en una hiperpropiedad, se desvanece con la posibilidad de habitar la tierra desde lo común, incluyendo a los no-humanos.

Se trata, al fin y al cabo, de una utopía positiva, colectiva, necesarias para hacer frente a la utopía conservadora y hegemónica. En otras palabras, la capacidad del ser humano moderno para la destrucción es una prueba de igualmente la capacidad de la humanidad para su reconstrucción.

¡Si no esperara el milagro, lloraría!

El milagro al que hace alusión Carmen Conde bien podría tratarse de la utopía en los derechos de la Naturaleza. La película Sofía Volverá comienza con la imagen de un Mar Menor abatido y con unos vecinos tristes y hartos por tal degradación. Una distopía. Es la consecuencia del sistema social y político-económico hegemónico, que se basa en una causa que a veces puede permanecer oculta: la explotación incesante de los recursos naturales y la contaminación de nuestro planeta. Pero a ello debemos sumar el sistema jurídico, por no dar respuestas adecuadas, o quizá insuficientes, a los desafíos ambientales; o quizá es más apropiado afirmar el sistema jurídico dominante y hegemónico, relacionado con –y a veces sumiso– el capitalismo neoliberal. En otras palabras, el punto de partida de la proposición de un sistema jurídico diferente del dominante en materia ambiental es el fracaso de la legislación ambiental vigente, tanto a nivel nacional como internacional, para gestionar las actuales emergencias ecosistémicas, climáticas y energéticas, que afectan más a la Naturaleza que a los humanos. El derecho ambiental simplemente se centra los efectos secundarios dañinos sin desestabilizar la dirección de crecimiento continuo y sostenido de la economía neoliberal. Realmente, este derecho nunca ha trascendido los parámetros de actuar como un derecho privado, en el sentido de una estructura normativa mercantilista, imponiendo, en su caso, una serie de obligaciones ambientales al marco normativo privado tanto nacional como internacional. Por ello, la destrucción de la Naturaleza con fines de lucro ha sido institucionalizada y legalizada, y hasta que se establezcan otras pautas normativas, continuaremos viendo el declive del sistema terrestre.

La perspectiva social presenta un serio dilema entre un mundo ecológicamente sensible y armonioso basado en una rica promesa de comunidad, ayuda mutua y nuevas tecnologías, por un lado, y las terribles predicciones de algún tipo de catástrofe ambiental, por el otro. Puede decirse que nuestro mundo o está atravesando un cambio revolucionario tan ambicioso que la humanidad cambia por completo sus relaciones sociales y concepciones de la vida con el medioambiente, o sufrirá una crisis que bien puede significar el fin de la existencia humana, no respecto de su desaparición, pero sí el modo de vivir de forma ilimitada, basado en la máxima neoliberal de crecimiento ilimitado.

En términos jurídicos, se considera elemental que sólo los humanos, personas físicas, o grupos de humanos, o personas jurídicas, tienen derechos. No obstante, se debe tener presente que a veces los patrimonios como tales son titulares de derechos y obligaciones, como por ejemplo las masas hereditarias o las comunidades de bienes, aunque carecen de personalidad jurídica, pero ostentan capacidad procesal para ser parte en los procedimientos civiles. Por el contrario, los no humanos no son sujeto de derecho. Son aquello sobre lo que versan los derechos: cosas que son objeto de derecho. Por lo tanto, es habitual equiparar a las personas con los sujetos de derecho y a las cosas con los objetos de derecho.

De este modo, la división entre cosas y personas invita a tratar a los seres no humanos sólo en su aspecto visible y tangible, es decir, como *res extensa*, y a los seres humanos como entidades privilegiadas dotadas de libre albedrío. Dado que permite conocer los elementos ajenos al ser humano como objetos sobre los que se puede trabajar a voluntad, la división podría estar vinculada a la degradación de los entornos naturales. Haría concebible que animales, plantas y minerales pudieran ser destruidos por el sujeto de derecho, aprehendido como material enteramente manipulable. Privados de sus derechos, el medioambiente no podría reclamar y obtener una reparación en su nombre por los daños que les causara la realización de obras o algún accidente o catástrofe ecológica, como es el Mar Menor.

En la medida en que la distinción entre cosas y personas se presenta como la división suprema de nuestro ordenamiento jurídico, el sustento esencial o columna vertebral de nuestro Derecho, no suele imaginarse que vaya a cambiar. En estas condiciones, no hay otra posibilidad, para hacer que el medioambiente escape al régimen de entidades enteramente disponibles en manos de los humanos, que concederles personalidad jurídica, es decir, la cualidad de sujeto de derecho, y, para ello, extraerlos de la categoría de las cosas. En otras palabras, puesto que las nociones de personalidad jurídica y de sujeto de derecho se consideran equivalentes, para reconocer los derechos de las cosas de la Naturaleza, debemos subsumirlas en la categoría de las personas. Y simétricamente: puesto que consideramos idénticas las nociones de cosa y objeto, para reconocer cualquier dignidad a la Naturaleza, debemos eliminarlos de la categoría de las cosas.

Lo anterior constata que la narrativa jurídica del Antropoceno describe un sistema cerrado, limitado y vulnerable para el medioambiente, pues, visto lo visto, no proyecta una acción jurídica de emancipación ni transformación, ya que ha sido construida con base en el patrón liberal del constitucionalismo hegemónico, como se muestra en la Carta de las Naciones Unidas y los instrumentos jurídico internacionales adoptados con posterioridad, dando un no lugar de una constitución ambiental global. Al respecto escribe Jordi Jaria-Manzano:

> *"El constitucionalismo global, en este punto, se vincula a la idea de desarrollo sostenible y se enmarca en el paradigma de los derechos, de modo que acaba sosteniendo el mantenimiento de los presupuestos culturales que han generado la crisis ambiental, y parece abstraerse de la vulnerabilidad del Sistema Tierra, abogando por la continuidad de la dinámica de la Ilustración, basada en un relato salvífico y utópico, y la pervivencia de la economía-mundo capitalista como estructura social en la transición al Antropoceno".*

Para seguir haciendo frente al antropocentrismo y dar paso al ecocentrismo se debe mejorar las técnicas jurídicas innovadoras. La imaginación jurídica es una de las herramientas más prometedoras para contribuir al esfuerzo por superar el colapso ambiental o crisis ecológica sin dejar a nadie atrás, ni humanos ni Naturaleza. Por ello es clave el principio de innovación complementado con el de investigación y no regresión que deben contribuir a la preservación y mejora del planeta. Además, los avances en la protección de la Naturaleza nos impulsan a investigar y establecer de manera autónoma derechos fundamentales a la protección de la Naturaleza o el medioambiente.

La integración de la lógica natural en el comportamiento humano, para muchas mentes sensibles de nuestro tiempo, aunque desligada de cualquier elemento de la metafísica, es tanto una cuestión de fe como una ostensible pretensión de razón jurídica. Como así lo llevó a cabo el profesor Christopher Stone, en su obra cumbre *Should Trees Have Standing?* (1972), que ejercitó los principios mencionados, pues planteó la superación del sistema jurídico descrito *supra* a través de un sistema jurídico que fomente la regeneración y proteja la vida de la Naturaleza. Stone afirmó que el enfoque tradicional de considerar la Naturaleza simplemente como un recurso a ser explotado por los seres humanos era insostenible y no respetaba el valor inherente y la integridad de los ecosistemas y los seres naturales. Propuso una visión más amplia y holística que *reconociera* los derechos de la Naturaleza, en consonancia con Cosimo, personaje en el libro *El barón rampante* (1957), de Italo Calvino, que decide abandonar la vida en la tierra industrial y vivir en los árboles, por reconocerles un valor inherente, negándose a participar en la destrucción de la Naturaleza.

Al igual que los juristas remodelaron manifiestamente el dispositivo que les fue transmitido por la tradición estoica y ciceroniana, por el derecho romano, pueden hacer lo mismo con la elaboración de un derecho ecocéntrico, con el objetivo de luchar contra el poder del capital al poner en el centro de la protección el medioambiente, tal y como está desarrollando el neoconstitucionalismo nacido principalmente en América Latina. Este está construyendo una nueva arqueología jurídica de la común, para la defensa de un bien colectivo con la finalidad de protegerlo y, también, para fortalecer la armonía entre seres humanos y Naturaleza. Se trata de una ampliación y redefinición de la subjetividad jurídica al mismo tiempo que la definición de los derechos en términos de cuidado o protección, más que autorrealización. Y ello pone en peligro las nociones tradicionales de derecho. Estos nuevos derechos forman parte del paradigma generacional de los derechos, pues es la evolución y transformación de la sociedad la que incide en el concepto de la titularidad jurídica.

Desde el punto de visto normativo, el camino hacia la nueva generación de derechos en un nuevo derecho comenzó, en el marco internacional, con la Carta de la Naturaleza de las Naciones Unidas en 1982, que estableció que los humanos somos parte de la Naturaleza. La Naturaleza y la vida dependen del funcionamiento ininterrumpido de los sistemas naturales. Además, declara que cada forma de vida es única y digna de respeto. Por consiguiente, la idea de los derechos de la Naturaleza se basa en el reconocimiento de que la Naturaleza tiene valor intrínseco y que los seres humanos deben respetarla y protegerla, asumir esa ética y responsabilidad del cuidado. Pues el medioambiente es un ente vivo, con su propio Sistema Tierra, pero nosotros, los humanos, si queremos hacer frente al colapso ambiental necesitamos proyectar el sistema jurídico humano en el medioambiente pero con evidentes transformaciones.

El gran paso legislativo lo dio la Constitución ecuatoriana de 2008, que forma parte del nuevo neoconstitucionalismo, configurando una democracia ecológica por reconocer la dimensión ambiental desde la propia Naturaleza, de forma intrínseca, no extrínseca, y cimienta de este modo el Estado social y ambiental, diferenciándose del patrón europeo: construido en la explotación de los recursos naturales. En su artículo 71, la Constitución establece que la Naturaleza o Pacha Mama, tiene derecho a existir, persistir, mantener y regenerar sus ciclos vitales, estructura, funciones y procesos evolutivos. Además, reconoce que todas las personas, comunidades, pueblos y nacionalidades tienen el derecho de exigir a las autoridades públicas el cumplimiento de tales derechos. Esto significa que cualquier persona puede presentar una acción de protección para proteger los derechos de la Naturaleza en los tribunales. En este mismo sentido se pronuncia la Ley de derechos de la Madre Tierra (2010), de Bolivia, en la que señala los principios rectores de la fundamentación jurídica de tales derechos: 1) Armonía entre el ser humano y la Naturaleza; 2) bien colectivo; 3) garantía de regeneración de la Madre Tierra; 4) Respeto y defensa de los derechos de la Madre Tierra; y 5) No mercantilización, cuya Constitución boliviana reconoce a la Madre Tierra como una entidad sagrada. O la Ley del Mar Menor, en cuyo art. 2 reconoce el derecho a existir y a evolucionar naturalmente; el derecho a la protección; el derecho a la conservación; y el derecho a la restauración.

Tengamos en cuenta que los derechos en sentido subjetivo son el contenido de las relaciones jurídicas. De toda definición se desprende que, como primer elemento de toda relación jurídica, tiene lugar entre sujetos. Estos sujetos también se denominan titulares de relaciones jurídicas. Y el derecho subjetivo evoluciona para integrar a otros sujetos merecedores de protección. Por ello, esta ampliación de la titularidad jurídica, con base un debate democrático, se está produciendo en varios países. La web Armonía con la Naturaleza recoge el trabajo que se está realizando al respecto: Brasil, Argentina, Canadá, Chile, Colombia, Francia, Costa Rica..., lo que pone de relieve que han surgido las condiciones morales de determinadas culturas y también jurídicas que han favorecido la eclosión de una conciencia social que presiona hacia el cambio de comportamientos colectivos, y operadas desde los movimientos sociales hasta alcanzar el centro de poder político.

Asimismo, en el marco internacional hay varios instrumentos *soft law* como la Declaración Universal de los Derechos de la Madre Tierra de Cochabamba (2010), adoptada por la sociedad civil, la Carta Europea de los deberes hacia la Naturaleza y el Clima (2020), o el Proyecto de Directiva de la UE sobre los derechos de la Naturaleza.

La jurisprudencia de la Tierra está ayudando a impulsar esta nueva realidad jurídica. El reconocimiento de la Naturaleza como sujeto de derechos ha tenido lugar, vía pretoriana, en países como Nueva Zelanda (río Whanganui, 2017; Te Urewera, 2014) o Australia (río Yarra, 2017). Asimismo, el Buen Vivir o sumak kawsay de Ecuador, o el Vivir Bien o suma qamaña boliviana, visiones andinas del medioambiente como entidad viva y sagrada, han sido reconocidos como principios fundamentales en la protección de los derechos humanos y el medioambiente, por la Corte Interamericana de Derechos Humanos. En el caso Saramaka v. Suriname (2007), se destaca la importancia del Buen Vivir un enfoque holístico y sostenible para la protección de los derechos de los pueblos indígenas y su relación con el medioambiente. Asimismo, en el caso del

Pueblo Indígena Kichwa de Sarayaku v. Ecuador (2012), se destacó la importancia del Buen Vivir en el contexto de la protección del derecho a la consulta previa y al consentimiento libre, previo e informado de los pueblos indígenas. La Corte señaló que el Buen Vivir es un principio que reconoce la necesidad de una relación armónica entre los seres humanos y la Naturaleza, y que, por lo tanto, es esencial para garantizar la supervivencia y el bienestar de las comunidades indígenas. La Corte Constitucional de Ecuador lo tiene claro, la Naturaleza es un sujeto de derecho. Y así lo ha expuesto en varios pronunciamientos en lo que se denomina jurisprudencia de la Tierra. En la sentencia No. 22-18-IN/21, dice así:

> *"No es un ente abstracto, una mera categoría conceptual o un simple enunciado jurídico. Tampoco es un objeto inerte o insensible. Cuando la Constitución establece que hay que respetar "integralmente" la existencia de la Naturaleza y reconoce que es "donde se reproduce y realiza la vida", nos indica que se trata de un sujeto complejo que debe ser comprendido desde una perspectiva sistémica".*
>
> *"La Naturaleza está conformada por un conjunto interrelacionado, interdependiente e indivisible de elementos bióticos y abióticos (ecosistemas). La Naturaleza es una comunidad de vida. Todos los elementos que la componen, incluida la especie humana, están vinculados y tienen una función o rol. Las propiedades de cada elemento surgen de las interrelaciones con el resto de elementos y funcionan como una red. Cuando un elemento se afecta, se altera el funcionamiento del sistema. Cuando el sistema cambia, también afecta a cada uno de sus elementos."*

Es precisamente la interrelación de estos elementos la que permite la existencia, mantenimiento y regeneración de los ciclos de vida, estructuras, funciones y procesos evolutivos. La sentencia dio ejemplos del ciclo del agua, el ciclo de la vida y el caudal de los ríos, refiriéndose a estructuras y funciones protegidas por normas constitucionales.

La sentencia justifica el reconocimiento de derechos ecosistémicos porque hacerlo ayuda a identificar y proteger ciclos, procesos y elementos de ecosistemas relevantes. En términos de funciones sistémicas de los manglares, los manglares se reconocen primero como un ecosistema por derecho propio, pero cabe señalar que los ecosistemas de manglares también se consideran parte de otros ecosistemas más grandes que interactúan con la biosfera.

Diferentes resoluciones del programa Armonía con la Naturaleza de las Naciones Unidas reflejan una mayor conciencia política de cambiar el sistema jurídico con base en la jurisprudencia de la Tierra, "con el objeto de inspirar a los ciudadanos y a las sociedades a reconsiderar el modo en que interactúan con el mundo natural y mejorar la base ética de la relación entre los seres humanos y la Tierra en el contexto del desarrollo sostenible", señala el Secretario General de las Naciones Unidas (2017). Incluso, en 2020 hizo más hincapié en esta jurisprudencia con las siguientes palabras:

> *"A través de la filosofía y la práctica de la jurisprudencia de la Tierra, la humanidad acepta la realidad de que su bienestar proviene del bienestar de la Tierra y de que, a fin de sostener la vida de todas las especies del planeta y garantizar el futuro de sus generaciones, es necesario vivir en armonía con la Naturaleza y orientarse por las leyes de la Tierra.*
>
> *Los valores que promueve ese paradigma, como la equidad, la cooperación, el diálogo, la inclusión, la comprensión, el acuerdo, el res-*

peto y la inspiración mutua, complementan las mismas aspiraciones que postula la economía ecológica para seguir avanzando más allá del Antropoceno. Dichos valores contrastan con fuerza con la lógica predominante del lucro como razón de ser de nuestro actual sistema económico, basado en el crecimiento. Del mismo modo, reconocer a la Naturaleza como sujeto de derecho se contrapone con claridad a las actuales leyes de protección ambiental, que son antropocéntricas".

Pero con anterioridad al actual Secretario General de la ONU, Boutros-Ghali, ya habló de un contrato ético y político con la Naturaleza, al que añadir también jurídico en estos momentos, pues afirmó que

"Todo ser susceptible de desarrollo es portador de un derecho lo más amplio posible a su desarrollo individual, hasta donde este derecho sea compatible con el mismo derecho de todos los otros seres susceptibles de desarrollo".

Como quiera que fuere, la discusión de los derechos de la Naturaleza es compleja y plantea continuamente cuestiones sin resolver, principalmente porque se presenta como un nuevo sujeto de derecho que no siempre se ajusta a su lógica subyacente, en gran parte articulada desde el sistema jurídico antropogénico occidental. Pero hemos de notar que el centro está puesto en la Naturaleza, y esto obviamente incluye a los humanos, subsanando la deficiencia jurídico-histórica y complementando los derechos humanos. Además, para la defensa de sus derechos se suple por medio de la representación, igualmente lo que se hace con las personas jurídicas.

Al reconocer los derechos a la Naturaleza, básicamente lo que estamos logrando es un uso y desarrollo más cuidadoso de la Naturaleza, frente al uso de explotación dominante. La artificialidad jurídica del medioambiente como lo es la de personas jurídicas, y el contrato social clásico renovado para incluir al medioambiente.

La Naturaleza es valiosa en sí misma, independientemente de los usos que los humanos le demos, lo que implica una visión biocéntrica. Estos derechos no defienden la Naturaleza intacta. Su enfoque está en los ecosistemas, en las comunidades más que en los individuos, y no tolera la tortura de ningún ser vivo bajo ninguna circunstancia. Lo importante es que el ecosistema siga funcionando de forma correcta y no degradada como el Mar Menor.

En términos de Gudynas, el objetivo de este nuevo marco jurídico-protección y de reconocimiento implica "responsabilidades en la política y la gestión ambiental para asegurar la conservación de la Naturaleza" (Gudynas, 2015, p. 45). Asimismo, Ramiro Ávila, profesor de Derecho constitucional en Ecuador, ha respondido a la doctrina clásica y el sistema jurídico dominante de la siguiente forma. Las razones por las cuales tal doctrina, también existente en España, no entiende los nuevos derechos y el nuevo sujeto de derecho son las siguientes. 1) La dignidad. La Naturaleza no es un fin en sí mismo, porque lo son los seres humanos. 2) El derecho subjetivo está diseñado para los humanos con capacidad jurídica y capacidad de obrar, y que puedan ejercitarlo. 3) La capacidad de obligarse y asumir responsabilidades, esto solo puede el ser humano no la Naturaleza. 4) La igualdad entre las personas, donde no se halla la Naturaleza. Asimismo, como contrapartida, el autor desarrolla una versión crítica excluyendo al ser humano e incluyendo a la Naturaleza, es decir, hay un cambio de tornas. 1) El ser humano puede ser un medio para que la Naturaleza cumpla sus fines. 2) El concepto de derecho no es inmutable y cambiar de conformidad se modifica los patrones movilizadores y las necesidades. 3) Si las personas jurídicas ya tienen capacidad, ¿por qué no la Naturaleza? Que sí es, además, un organismo vivo. 4) El contrato social liberal clásica es conveniente ampliarlo en el siglo XXI para introducir la dimensión ambiental. De esto modo, Ávila sustituye el principio pro homine por el principio pro natura. De conformidad con el cual, se propone, en el marco de la transición ecológica, pasar de la posesión excluyente al usufructo compartido de la tierra, en consonancia con el espíritu del programa Armonía con la Naturaleza de las Naciones Unidas.

Llegados a este punto, cabe formularnos, después de todo lo comentado, la siguiente cuestión: ¿Se necesita realmente reconocer a la Naturaleza como sujeto jurídico? Sí, si queremos intentar verdaderamente cambiar las cosas. Porque se ha comprobado que el actual sistema jurídico es poco probable que impulse un cambio insondable o un giro copernicano. Se necesita un derecho que no sea violento ni discriminatorio para con la Naturaleza, de lo contrario, realmente la libertad humana es una mera ilusión. De hecho, a la cuestión antedicha, podemos complementarla con ¿estamos obligados a realizar todo lo posible para preservar el medioambiente con base de la subsistencia de la Tierra para las generaciones futuras? Sí, pues de conformidad con los instrumentos internacionales de medioambiente considero que existe un imperativo legal para las generaciones futuras. En este sentido, nuestra generación no sólo está viviendo un momento histórico, sino también somos testigos y protagonistas de un hecho real: una decidida entrega de sus acciones a una vida en armonía con la Naturaleza para con el futuro de todos.

Este imperativo legal se puede observar en Sofía Volverá. Sofía vuelve, transcurridas décadas, a su tierra, a su Mar Menor. Vuelve temporalmente en 2056, ella sola, sin su familia nacida en Canadá. Necesitaba ver y sentir el lugar de su infancia. Aquel al que no pudo regresar su padre por fallecer en una tierra que nunca hizo suya, como tampoco sintió vínculo con las personas que conoció allí. Sofía se da cuenta que el mar está vivo, que ha rejuvenecido, y con él los pescadores faenan, los hoteles atraen a turistas, y los niños, como otrora ella fue, se bañan y hablan con él. El agua está clara, ya no turbia: verde esmeralda y azul del cielo, transparente, y piensa que es hermoso vivir allí, de forma colectiva con su mar. Esta vivacidad del Mar Menor se debe, entre otras políticas, al ser reconocido como sujeto de derecho. La distopía inicial se convierte en utopía real.

Un cambio jurídico que ha protegido tanto a él como a las personas. Cambio que Sofía, ya adulta, muestra nadando sobre él y recitándole estos versos de Carmen Conde:

Porque siendo tú el mismo, eres distinto
y distante de todos los que miran
ese rosa de luz que viertes siempre
de tu cielo a tu mar, campo que amo.
Campo mío, de amor nunca confeso;
de un amor recatado y pudoroso,
como virgen antigua que perdura
en mi cuerpo contiguo al tuyo eterno.
He venido a quererte, a que me digas
tus palabras de mar y de palmeras;
tus molinos de lienzos que salobres
me refrescan la sed de tanto tiempo.
Me abandono en tu mar, me dejo tuya
como darse hay que hacerlo para serte.
Si cerrara los ojos quedaría
hecha un ser y una voz: ahogada viva.
¿He venido, y me fui; me iré mañana
y vendré como hoy…?; ¿qué otra criatura
volverá para ti, para quedarse
o escaparse en tu luz hacia lo nunca?

Conde nos muestra una reflexión sobre la relación entre el ser humano y la Naturaleza, y cómo el ser humano debe asumir su responsabilidad hacia el mundo natural. En este sentido, se puede interpretar el poema desde la perspectiva de los derechos de la Naturaleza, que reconocen la necesidad de proteger y preservar los ecosistemas y los seres vivos que los habitan, en lugar de explotarlos sin límites. La Naturaleza tiene sus propios derechos, y el ser humano tiene la responsabilidad de protegerlos y respetarlos.

En suma, el ser humano ha conquistado su libertad por medio del sistema actual, y particularmente en un sistema democrático, pero esa libertad individual y colectiva es ilusoria mientras el medioambiente no esté realmente protegido. En consecuencia, el reconocimiento de los derechos de la Naturaleza ofrecerá esa verdadera libertad, o al menos no tan limitada como pone de relieve la degradación ambiental actual. Y se podrá cumplir el principio normativo establecido en el Derecho Internacional Medioambiental, la protección para las generaciones presentes y sobre todo futuras. Esto solamente se podrá lograr con base en una solidaridad planetaria sobre la que podría reorganizarse el futuro ambiental de la Tierra, y para ello se debe deconstruir los paradigmas jurídicos hegemónicos respecto de la Naturaleza, ya que, en palabras de Carmen Conde: "El levante no admite señores sobre ti".

Películas, series y documentales citados

El día de Mañana (2004), de Roland Emmerich.

La Isla (2005), de Michael Bay.

Soy Leyenda (2007), de Francis Lawrence.

Infectados (2009), de Álex y David Pastor.

Harakiri (1962), de Masaki Kobayashi.

The Final Warning (1991), de Anthony Page.

Chernóbil (2019), de Johan Renck.

Black Gold (2011), de Jeta Amata.

El jardinero fiel (2005), de Fernando Meirelles.

Mañana (2016), de Cyril Dion y Mélanie Laurent.

Anthropocene: The Human Epoch (2018), de Jennifer Baichwal, Nicholas de Pencier y Edward Burtynsky.

Melancolía (2011), de Lars von Trier.

2001. Una odisea del espacio (1968), de Stanley Kubrik.

Captain Fantastic (2016), de Matt Ross.

La Nube (2021), de Just Philippot.

La princesa Mononoke (1997), de Hayao Miyazaki.

Black Sea (2014), de Kevin Macdonald.

Una verdad incómoda (2006), del director Davis Guggenheim.

Una verdad muy incómoda: Ahora o nunca (2017), de Bonni Cohen y Jon Shenk.

Bestias del Sur salvaje (2012), de Benth Zeitlin.

Before the Flood (2016), de Fisher Stevens

Apocalypse Now (1979), de Francis Ford Coppola

Amanece, que no es poco (1989), de José Luis Cuerda

El árbol de la vida (2011), de Terrence Malick.

¿Vencedores o Vencidos? (Los juicios de Núremberg) (1961), de Stanley Kramer.

El jardín de las palabras (2013), de Makoto Shinkai

Avatar (2009), de James Cameron.

7 Bibliografía

Ávila Santamaría, R., (2019). *La utopía del oprimido. Los derechos de la Naturaleza y el buen vivir en el pensamiento crítico, el derecho y la literatura*. Akal.

Beck, U., (2010). *La sociedad del riesgo: hacia una nueva modernidad*, Paidós, Barcelona.

Boff, L., (2001). *Ética planetaria desde el Gran Sur*. Trotta.

Chakrabarty, D., (2022). *El clima de la historia en una época planetaria*, Alianza Editorial.

De Lucas, J., (2020). *Nosotros, que quisimos tanto a Atticus Finch.* Tirant lo Blanch.

Ferrajoli, L., (2022). *Por una Constitución de la Tierra. La humanidad en la encrucijada*. Trotta.

Gudynas, E., (2014). *Derechos de la Naturaleza. Ética biocéntrica y políticas ambientales*. Libro electrónico.

Jaria i Manzano, J., (2020). *La constitución del Antropoceno*. Tirant Humanidades.

Kohei, S., (2022). *El capital en la era del Antropoceno*. Ediciones B.

Latour, B., (2013). *Políticas de la Naturaleza. Por una democracia de las ciencias*. RBA.

Lovelock, J., (1992). *Gaia: una ciencia para curar el planeta*. Integral.

Mckibben, B., *El fin de la Naturaleza*. Ediciones B, Barcelona, 1990.

Morton, T., (2018). *El pensamiento ecológico*. Paidós.

Pelluchon, C., (2022). *Reparemos el mundo. Humanos, animales, Naturaleza*. Ned.

Reichmann, J., (2022). Simbioetica. Plaza y Valdes.

Remiro Brotóns, A., (2001). *La desvertebración del Derecho Internacional en la sociedad globalizada*, en Cursos Euromediterráneos Bancaja de Derecho Internacional.

Rodríguez Uribes, J., (2022). *El buen derecho (O las dos muertes de David Gale)*. Tirant lo Blanch.

Vicente Giménez, T., (2016). *Justicia ecológica en la era del Antropoceno*. Trotta.

OTROS TÍTULOS DE LA COLECCIÓN

1 *La fábrica y la oficina*, de Juan López Gandía
2 *"El hombre que mató a Liberty Valance"*, de Jordi Nieva Fenoll
3 *La gran apuesta*, de Sergio Nasarre Aznar
4 *Los secretos de estado y la libertad de información*, de Gonzalo Quintero Olivares
5 *El hombre tranquilo*, de Emilio Soler y Mario Martínez
6 *Víctima y el derecho a la no discriminación por diversidad afectivo-sexual*, de Jesús Ignacio Delgado Rojas
7 *Una cuestión de género. Ruth Bader Ginsburg o la lucha por la igualdad*, de Ana Rodríguez Álvarez
8 *La caza. El despertar de la serpiente*, de Quico Tomás y Valiente
9 *El exorcista. ¿Sólo una novela o película de terror?*, de José Mª Contreras Mazarío
10 *Mientras dure la guerra. Miguel de Unamuno y la memoria histórica como derecho humano*, de José Martínez Rubio
11 *La guerra a la vuelta de la esquina. La mirada del cine a Yugoslavia en llamas*, de Chiara Vitucci
12 *La «guerra contra el terroriso», viente años después. Zero Darck Thirty*, de Consuelo Ramón Chornet
13 *La voz más alta*. Ruido mediático, opinión pública y Estado de Derecho, de Beatriz Gallardo Paúls y José Luis Espinosa Calabuig
14 *El buen Derecho*. (O las dos muertes de *David Gale*), de José Manuel Rodríguez Uribes
15 *Las sandalias del pescador*. La soledad del poder. Entre la geopolítica y el Derecho canónico, de Gustavo Suárez Pertierra
16 *El Verdugo*. Un retrato satírico del asesino legal (2ª edición), de Mario Ruiz Sanz
17 *Contagio*, de Miguel Ángel Ramiro Avilés

Apuesta por Tirant Online, la base de datos jurídica de la editorial más prestigiosa de España.*

www.tirantonline.com

Suscríbete a nuestro servicio de base de datos jurídica y tendrás acceso a todos los documentos de Legislación, Doctrina, Jurisprudencia, Formularios, Esquemas, Consultas o Voces, y a muchas herramientas útiles para el jurista:

* Biblioteca Virtual
* Herramientas Salariales
* Calculadoras de tasas y pensiones
* Tirant TV
* Personalización
* Foros y Consultoría
* Revistas Jurídicas
* Gestión de despachos
* Biblioteca GPS
* Ayudas y subvenciones
* Novedades

* Según ranking del CSIC

 96 369 17 28

96 369 41 51

 atencionalcliente@tirantonline.com

www.tirantonline.com